「穏やかな人」
「控えめな人」こそ
選ばれる30の戦略

静かな営業

Silent Sale

渡瀬謙
Ken Watase

PHP

□ 普段は内向的だが、営業では「明るく元気な自分」を演じている。

□ 初対面の人と話すのは、あまり得意ではない。

□ お客さまとの会話が終わると、どっと疲れてしまう。

どれか一つでもチェックがついた人は、ぜひ、ページをめくってください。

「内向的な人」「控えめな人」でも売れる

ではなく

「内向的な人」「控えめな人」だから売れる。

プロローグ

内向的で物静かなあなたが、売れる人になるために

「営業たるもの、明るく元気に振る舞わなくてはならない」

そう考えている人は、極めて多いと思います。

でも、内向的な人間にとって、ムリして明るく振る舞ったり、笑顔を振りまいたりするのは、そう簡単なことではありません。

それでも、営業先ではなるべく明るく振る舞わなくてはならない。

お客さまと会う際には自分を奮い立たせて、精いっぱい「陽キャ」な自分を演じる。

ハイテンションで話し続け、笑顔を絶やさず、おおげさに相槌《あいづち》を打つ。

「ぜひ買ってください」とお願いを繰り返す。

そして、終わったあと、どっと疲れてしまう。


私もかつてそうでした。だから、その気持ちはよくわかります。


最初に自己紹介をします。

私は小さいときから極度の人見知りで、クラスでも目立たない存在でした。中学、高校、大学とずっと「無口な人」として過ごしてきました。

大学卒業後、一部上場の精密機器メーカーに入社したのですが、その後、営業職としてリクルートに転職しました。

当時、リクルートの営業部隊はそのすさまじいまでの営業力で知られていました。中でも、リクルートのトップ営業と呼ばれる人たちは、数々の伝説的なエピソードとともに知られていました。

そんな会社になぜ、無口な私が転職したのかといえば、「弱い自分を変えたかったから」。

私は内向的な自分、無口な自分にずっとコンプレックスを持っていました。最強の営業集団の中でもまれれば、そんな自分を変えられるのではないか。そう考えたのです。


でも、入ってすぐに後悔しました。

人間は、そう簡単には変われません。

まわりの人たちに圧倒され、当然のごとくまったく売れず、どん底にまで叩き落とされました。


そんなとき、あるきっかけから私は「無口なままでも売る方法がある」ことに気づきました。

そして、それを実践した結果、入社10カ月目で、営業達成率全国トップとなれたのです。

私はその手法を「静かな営業」（サイレントセールス）と名づけました。
現在では、かつての自分のような悩みを抱えている人に向けて、営業トレーニングを行っています。

誤解してほしくないのは、本書は「内向的な人、控えめな人でも売れる」ということを説く本ではない、ということです。
「内向的な人、控えめな人だから売れる」ということを説く本です。

考えてみてください。
あなたの家に突然、妙にテンションの高い営業が押しかけてきたらどうでしょう？

心の中の危険を知らせる警報器がガンガン鳴りますよね。買うか買わないかという以前に、話を聞こうとも思わないはずです。

巧妙な詐欺被害が年々増え続けている情勢の中、少しでも怪しい営業を見ると、人は「だまされたくない」心理から受け入れを拒否します。それは年々顕著になっています。

つまり、ハイテンションな営業を演じるということは、お客さまに嫌われる存在に近づくということだったのです。

かつての私のように、苦しい思いをして明るい営業を目指すことは、実は「売れる」ことから逆行する行為でした。

ですからもう、不自然なことはやめていいのです。

自分に合ったペースで、ムリなくできる営業スタイルがあることを知ってください。

お客さまから優しく受け入れられて、ストレスからも解放されるうえに、実はそれが一番売れる方法だとしたら、選ばない手はありませんよね。

そのためのコツについて、このあとご紹介していこうと思います。

本書が多くの「静かな人」の手助けになることを願っています。

２０２３年７月

サイレントトセールストレーナー　渡瀬　謙

プロローグ

第1章 時代は「静かな売り手」を求めている

第2章 「相手がイヤがること」など、何もしなくていい

第3章 「自分の弱点」を活かす工夫をすればいい

第4章 「繊細な人」が最小のコミュニケーションで最大の効果を出す方法

第5章 生真面目すぎるあなただから、信頼される

第6章 「静かに売る」ことだけを考えれば、売れる

コラム

Chapter 1

第 1 章

時代は「静かな売り手」を求めている

History

あなたは本当に「明るく元気な営業」から買いたいですか？

昭和の時代の売れる営業像は、明るく元気で声が大きい人というイメージでした。どちらかというと「騒がしい営業」です。私が新人の頃などは、宴会の席で人一倍盛り上げている人が、実際に売れていました。人のふところにグイグイと入っていくようなタイプが、営業向きと言われていました。

でも、いまではどうでしょうか。知らない人が電話でいきなり元気良く話しかけてきたら、引いちゃいますよね。見ず知らずの人が自宅のインターフォンのカメラ越しに満面の笑顔でこちらを見ていたら、何も聞かずに断りたくなりますよね。

以前、知らない土地で道に迷ってしまった私は、3人で遊んでいた子供たちに声をかけたことがあります。

「駅に行きたいんだけど、どっちに行けばいいのかな？」

すると彼らはお互いに目を見合わせて、「知らない」と言って逃げていきました。

ちょっとショックでしたが、おそらく学校や家庭でそうしなさいと教わっていたのでしょう。知らない人が近づいてきたら警戒するのが当たり前の世の中なのです。

このような時代において、明るく元気なだけの営業ではもう通用しないどころか、逆にマイナスになっているという現状を知っておくべきです。

いまだに残り続ける「昭和の営業のステレオタイプ」

ところが、いざ自分が人に何かを売る仕事を始めてみると、なぜか昭和風の営業スタイルになってしまう人が多いのが現実です。本来は物静かな性格の人も、ムリして笑顔を作り、必死にしゃべって売ろうとしています。

どうしてでしょうか?

自分がされたらイヤな営業スタイルを、なぜやってしまうのでしょうか?

その理由は「営業とは明るく元気でしゃべりがうまくなければいけない」という既成概念がいまだに根強いから。

漫画などで描かれている営業像はまさにその典型です。

・傲慢《ごうまん》なお客さまにひたすら頭を下げる
・お客さまを怒らせてお茶をかけられる
・ゴルフや料亭で接待してご機嫌を取る

もちろん物語として面白くするために誇張して描かれているのでしょうが、知らない人はこれを鵜呑《うの》みにします。こうして、「営業って泥くさくてイヤな仕事だ」というイメージが出来上がってしまっているのです。

でも、安心してください。時代は変わりました。

これからは、**静かな人が堂々と静かに売れる時代です。**大きな声を出す必要もなければ、ムリに明るく盛り上げる必要もありません。「営業はこうあるべき」ということれまでの妄想は一切捨ててください。

その理由をこのあと、論理的に解説します。

「明るく元気」だから売れない

私自身、いわゆる「静かな人」でした。内向的で口下手で、人とのコミュニケーションもうまくない。そのため、営業になったばかりの頃にはよく、こう言われていました。

「もっと明るく振る舞いなさい。明るい営業と暗い営業のどちらにお客さまは会いたいと思うか。明るいほうだろう。売りたかったらムリにでも明るくしなさい」

当時は黙って聞いていましたが、正直、半信半疑でした。

私自身が「明るい営業に会いたいか」というと、そんなこともないだろうと思っていたからです。少なくとも私は、明るい人よりも物静かな人とのほうが落ち着いて話ができました。だから、明るければいいということでもないんじゃないか……。

それでも当時の風潮として、「営業＝明るい」というのは常識でしたから、とくに反論することもなかったですし、きっとそういうものなのだろうとも思っていました。

しかし、**私がいくら明るい営業を心がけても、まったく売れませんでした。**

ムリに笑顔を作り、頑張って大きな声でしゃべり、大げさなリアクションをする。自分の中では明るさＭＡＸの状態でお客さまと接します。

でも、お客さまの反応はいつも冷ややかでした。

いくら明るく振る舞ってみても、売れないどころか、売れそうな手ごたえすらまったく感じられません。

上司の指示通りにやっているのに、まったく結果が出ないので、混乱します。「本当にこのやり方が正しいのかな？」という疑問が出てきます。

この本を手に取っているあなたも、そんなモヤモヤした気持ちを抱えているかもしれませんね。

「ムリ」をしていたら、売れるわけがない

なぜ、いくら明るく振る舞っても売れなかったのか。

先に答えを言ってしまえば、「ムリして明るい営業で売ろうとしていた」からです。

とくに私のようにもともと暗いタイプは、明るい自分を演じることばかりに意識が向いてしまいます。

ムリをしているときというのは、お客さまの言葉がきちんと入ってこなかったり、ち

ょっとした変化に気づかなかったりと、情報収集力が低下します。ここが問題でした。

お客さまから得られる情報が不十分だと、いくら一生懸命に商品説明をしても、相手には刺さりません。これが「ムリして明るくしても売れない」カラクリです。

とはいえ、「明るくてはダメ」ということではありません。根が明るい人は、とくに明るい演技をする必要もないので自然体でいられます。後の章で解説しますが、この**自然体こそが売れる秘訣**なのです。

多くの人は短絡的に「明るい＝売れる」と思いがちです。しかし、「明るいから売れる」「暗いから売れない」ということではなく、あくまで大事なのは「自然体」なのです。

「過去の栄光」が足を引っ張る

ただし、ここに大きな障害が立ちはだかります。「過去の栄光を知る上司や先輩」たちです。

景気が良かった頃は、多くの会社が業績を伸ばしていました。当時はいまとは違い、世の中の人の購買意欲も強く、個人情報についての意識もいまほど高くはありませんでした。昭和型の「明るく元気に売る」「根性で売る」が通用した時代です。

その営業スタイルで成果を出してきた人たちは、「このやり方で売れる！」という絶対の自信を持っています。

私も飲みの席などで、年配の上司からよく聞かされていました。

「俺が若い頃は、毎日100件飛び込みをしていたぞ」

「歩いて靴がすり減るから月に1回は買い替えていた」

「お客さまと飲みに行って仲良くなるのが一番だ」

もちろん、頑張って成果を出してきたことは認めます。でも、これからの時代に同じことをやっても、同じ成果は出ないでしょう。

とはいえ、おそらく彼らも、そのことにはうすうす気づいているはずなのです。それでも他に良い方法を知らないので、自分の成功体験でしか語れないのです。

たまらないのは、過去の栄光をベースに指導される側です。

とくに、物静かなタイプの人は余計な苦労をさせられることになります。

自分に合った営業スタイルで仕事をすればきちんと成果を出せる人が、気合いや根性ばかりを強要されて、売れないドロ沼に引きずり込まれてしまっているケースをよく見ます。

もちろん、根性や努力を全否定はしませんが、それが正しい方向に向けられているかどうかが重要です。少なくとも「明るく元気に」という指導は、テクニックでもコツでもなんでもありません。

転職したとたんに売れるようになる人は、意外と多い

初めて入った会社で「営業とは明るくなくてはならない」「営業とは根性と足で稼ぐものだ」という指導を受けた場合、「営業とはこういうものだ」と思い込んでしまうのは当然です。そして、そのことに疑問も持たず、自分には合わない苦しい営業を続けている人も数多くいます。

そんな人に知っておいてほしいことがあります。

営業は、会社によって全然違うスタイルになっているということを。

いまだに昭和型の根性営業を続けている会社がある一方で、ムリせず長時間労働もせず、スマートな営業活動を繰り広げている会社もあります。新人研修として「飛び込み営業」「手当たり次第の営業電話」をさせている会社もあれば、顧客に迷惑だからと禁止している会社もあります。

前の会社で苦労していた人が、転職したとたんにガンガン売れるようになるというのは、よくあることです。それは、会社によって営業の仕方がまったく違うからに他なりません。違う上司になりやり方が変わったら売れるようになったという人も多いです。

いま売れずに苦しんでいる人や、過去に営業でつらい思いをした人でも、営業スタイルが変われば必ず結果を出せます。

「過去の栄光型」の上司を持って苦しんでいる人にはこうアドバイスします。

「社内では上司の指示をハイハイと聞いておいて、社外に出たら自分のスタイルで進めなさい」

不本意かもしれませんが、そうしないと売れないですし、そのままだと当人が不幸になるだけですから。

静かな人ほど売れる、これだけの理由

本書を手に取ってくれた方はおそらく、自分のことを「静かな人」「内向的な人」だと思っているのだと思います。

では、ここで改めて「静かな人」「内向的な人」とはどういう人で、どういう特徴を持っているかを確認していきましょう。それを知ることで、「なぜ静かな人ほど売れるのか」をご理解いただけると思います。

①口数が少ない

人は自分の話を聞いてくれる相手に好感を持ちます。その意味では、口数が少ない人はお客さまにたくさん話してもらうことが自然にできるので、好印象を与えられます。

②慎重な性格

思いつきでしゃべったりせず言葉を選びながら話す姿勢は、相手に安心感と信頼感を与えます。もちろん失言もしないので、相手を怒らせることもほとんどありません。

③押しが弱い

勢いでガンガンいくタイプではないので、相手も落ち着いて商品を検討できます。また強引に売らないので、後にクレームになることも少ないです。

④人に迷惑をかけたくない

人を怒らせることや不快にさせることはできるだけ避けたいので、軽率な行動を取りません。トラブルにもなりにくいので安定した仕事ができます。

⑤相手の気持ちが気になる

人が何を考えているのかを知りたい気持ちが強いので、きちんとヒアリングをします。その結果、相手のニーズが明確になってより精度の高い営業が可能になります。

いかがでしょうか。

商売というのは、売り手の気持ちではなく、買い手の気持ちで成立します。営業は、自分の気合いとかよりも、相手がどう考えるかにフォーカスすべき仕事です。

そう考えると、**営業とは本来、相手を気づかう繊細な心の持ち主のほうが向いている**と言えますよね。

つまり、静かな人、内向的な人、穏やかな人、控えめな人は、すでに持っている自分の特性をそのまま素直に使えばいいのです。

「そうは言っても、素のままの自分で営業に行くのはちょっと気が引けるなあ」

そう感じる人もいるでしょう。当然です。

営業とは明るく元気にやるものだと、全身に刷り込まれてきていたとしたら、なかなか変えづらいというのもわかります。

でも、安心してください。素のままのほうがむしろ売れるのです。

誰もが営業されることに慣れてしまっている

そもそもお客さまは、営業に「営業っぽさ」を求めているのでしょうか？

私などは、目の前の営業が妙に笑顔を振りまいてきたり、面白くないのに大声で笑ったり、やたらとほめてきたりしたら、心のシャッターが閉まります。うさんくさいと感じるからです。

また、そうまでしなければ売れない商品なのかとも思ってしまいます。本当に良い商品やサービスを紹介しにきたのなら、まずは商品力だけで勝負してほしいと感じます。

反対に、**寡黙な人や笑わない人が営業に来たら、興味を持ちます**。「営業っぽくない営業」に新鮮味を感じるからです。営業をされ慣れている人ならなおさらでしょう。

いまの時代、ほとんどの人がなんらかのかたちで営業をされた経験を持っています。その経験の中には不快なものが入っています。しつこくされて断るのに苦労したとか、半ば強引に売りつけられて後悔したとか、中には詐欺の被害にあってしまった人もいるでしょう。

そうなると、人は自然に警戒します。同じ目にあいたくないからです。

営業をしていると、なぜか最初から冷たい対応をされることがありますが、これはお客さまの中に過去のイヤな経験の記憶があるから、警戒しているのです。気持ちのいい営業とばかり会っていたら、営業されることを嫌ったりはしないでしょう。

つまり、**従来型の営業っぽくすればするほど、お客さまは過去の不快な記憶がよみがえるのです**。そして、まともに話も聞いてくれなくなります。

「素の自分」で会いに行ってみると……

もしかしたら、「営業とはそういうもの」だと思っていませんか？

そもそも嫌われている職業なのだと。

そうではありません。過去のイヤな経験を思い出させるようなアプローチをしているから警戒されているだけなのです。そのアプローチこそが「営業っぽさ」です。

ですから、答えは明白です。**いかにも営業っぽいことをやめればいい。**

もともとおとなしくて静かな性格の持ち主は、素で営業っぽくないと言えます。つまり、「素のままの自分」でいけばいい。にもかかわらず、ムリして明るく振る舞おうとしているのが、売れない原因なのです。

試しに一度、素の状態でお客さまと会ってみてください。ムリに明るく振る舞わない、過剰な愛想笑いもしない、話すことも必要最低限にする。

するとお客さまは、おそらくあなたがイメージしているのと逆の反応をするはずです。それはもちろん、良い反応です。スムーズに会話ができて、相手の情報を聞き出すこともできる。そして、話が終わったあとにどっと疲れることもない。

素のままの自分でいくのは非常識だと思われるかもしれませんが、私に言わせると、不自然に飾って会いに行くほうが非常識です。

「営業だからこうしなければいけない」という既成概念を捨てましょう。もっと肩の力を抜いてラクにしていいんです。

そうすれば、お客さまは普通に受け入れてくれます。仲のいい友人に会うような感覚で話ができます。営業とは本来、そういうものなのです。

営業に向いていなかった私を変えた「営業同行」

私はずっと「おまえは営業に向いてない」と言われてきました。私のような内向的で口下手なタイプには営業はできないというのが、世間の常識でした。

そして実際に売れませんでした。まわりの明るい営業をしている人たちの真似をしているうちは。

売れないと、「やっぱり自分には営業はムリなんだな」と思うようになります。精神的にも限界がきて、「もう明日には辞めよう」と思っていたときに、当時のリーダーが声をかけてくれました。

「明日、俺と一緒に営業に行くか？」

営業同行の誘いです。でも、私は乗り気ではありませんでした。

なぜなら、彼はチーム内でも人一倍明るいタイプでしゃべりもうまく、しかも全国トップクラスの成績だったからです。そんなスーパーな人の営業を見せられても、自分には参考にならないだろうと思ったのです。

でも、せっかく声をかけてくれたので、翌日、一緒に出かけました。

そこで見た光景が、私の営業、というよりも人生を変えたのです。

「静かな営業」を知り、たった4カ月でトップに

彼の営業は「静かな営業」そのものでした。盛り上げもせず、しゃべりもせず、相手の言葉に耳を傾ける。

その日は3件の顧客を回りましたが、すべてその営業スタイルで、しかも3件とも売れたのです。

信じられないという顔をしている私に、

「営業ってこんな感じだよ。ムリにしゃべってもダメなんだよ」

と、私の心を見透かすように教えてくれました。

それから私は、営業についてより深く考えるようになりました。

明るい営業＝売れるという単純なものではなく、売れるのにはきちんとした理由があるようだ。それはいったいなんなのか？　それがわかれば自分も売れるようになるかもしれない……。

実際に「静かな営業」で売れていく場面を間近で見た私には、確信めいたものがありました。

その後、まわりの営業を観察したり、自分の営業を振り返ったりしているうちに「売れる営業に共通していること」が見え始めたのです。

同時に、私自身の営業スタイルも変化していきました。そして、実際に売れ始めました。

結果として、それまでゼロだった売上が、**リーダーと同行してから4カ月後には、全国で営業達成率1位になってしまいました。**

しかも、がむしゃらに頑張ったというよりも、自分の性格のままの静かな営業で、自然に売れるようになったというのが正しい表現です。

営業に向いていないと言われ続けてきた私が、自分のやり方に確信を持った瞬間でした。

テクニックやトーク力に頼らなくても売れる

売れない頃の私と売れるようになってからの私には、決定的な違いがありました。

それは営業の練習方法です。

売れないときは、しゃべり方などのテクニックばかり練習していました。社内でのロープレ（ロールプレイ：営業の模擬練習）だけでは足りなかったので、家に帰ってからもトークの練習をしていました。

もともとしゃべりは苦手なことなので、スキルを身につけるには人よりも時間がかかりました。

その練習を一切やめて、商品知識やお客さまについての情報を頭に入れる時間を増やしました。

そして、営業には素の自分のままで行く。それだけで、一気に売れ始めたのです。

売上という結果だけでなく、お客さまの反応も大きく変わりました。

それまでは、お客さまとの面談はいつも堅苦しい雰囲気で、本音で話ができない状態でした。いくら頑張って説明しても、相手が聞いてくれていないことが明らかに感じ取れました。「営業ってこんな感じでいいのかな、これでどうやって売れるのかな」と常に思っていました。

それがガラッと変わったのです。お客さまとの面談の場は和やかな雰囲気になり、こちらの質問にも気持ち良く答えてくれます。一方、お客さまのほうからも質問が来て、それに私が答える。すると、さらにお客さまから質問が来るという感じで、会話をしながらの前向きな商品説明ができるようになりました。

話している中で、相手が買ってくれそうかどうかも、どこが押しどころでどこが引きどころかもわかってきました。

こうして徐々に、営業への手ごたえを感じるようになっていきました。**それまでは苦痛でしかなかった営業が、意外にも「楽しい」とさえ思える場面が増えました。**

何よりも、苦手なトークの練習をしなくていいことや、ムリして明るく振る舞わなくてもいいということが、私にとっては大きな救いでした。

おそらく、いま営業で苦しんでいる人には、にわかには信じられないことかもしれませんね。でも、事実です。

内向的でおとなしいタイプの私が、素のままで営業に行ったことで、ストレスなくいきなり売れるようになった。すべて、本当のことです。

「静かな営業」を知ると、顔つきが変わる

そしてそれは、私だけに限ったことではありません。

私はいま、営業を教える仕事をしています。具体的には、6カ月から1年を目安にオンラインでのマンツーマン指導を行っています。

教わりに来る人は、もちろん売れずに悩んでいる人たちばかり。職種も業種もさまざまで、一般企業の営業はもちろんのこと、販売業やサービス業に携わる人、そして、士業（司法書士や社会保険労務士など）やフリーランスの人も増えています。こうした人たちは自分たちで「営業」をして、顧客を獲得しなくてはならないからです。

もちろん私が経験したことがない業種もたくさんありますが、すべてに対応できます。人に対して何かを売る仕事には共通点があるからです。

その共通点こそが、私が営業時代に研究していたものでした。これをベースにして、それぞれの商品・サービスにあてはめることで、誰でも簡単に応用できるのです。

私が教えているのは、その応用の仕方です。これが身につくと、目の前の営業で成果を出せるのはもちろんのこと、**転職して業種が変わったとしてもすぐに結果を出せるようになります。**どこでもなんでも売れる最強の営業力です。

私の指導が終わった頃には、みなさんの顔つきが変わります。営業に自信が持てるようになるからです。

営業がAIに代替されようとしている？

いま、営業の仕事は大きく変わろうとしています。

これまではお客さまを見つけるところから売ったあとのフォローまで、一人でなんでもやるスタイルが主流でした。しかし、昨今は分業制になっているところが増えており、販売する人とアフターフォローをする人が別だったり、MA（マーケティング・オートメーション）などの仕組みによって、営業プロセスの一部をAIなどのツールが代替することも多くなっています。

それでも、営業の仕事はなくなりません。相手一人ひとりの個性に応じて個別に対応するようなことは、AIやロボットにはなかなかできないからです。裏を返せば、AIやロボットでもできるような営業をやっていては、そのうちに職がなくなってしまう可能性があります。

本書はまさにそうした「人と人との関係」に終始したものです。その点においても、今後もなくならないどころか、より重宝される能力と言えます。

「それってすごいけど、難しいんじゃないの？」

いえいえ、私が教えているのは、それほど難しいことではありません。

また、「明るく振る舞え」とか、「元気良く笑顔で」とか、「大きな声でハキハキと」など、私自身ができないことを強要することは絶対にしません。なんせ、私のところに来る人たちのほとんどが、静かで控えめな性格の人たちですから。

そしてほとんどの人たちが、その性格のまま、ムリせず、ストレスなく、営業の成果を上げられるようになっているのです。

いまこの本を読んでいるあなたにとっても、売れる営業になることは、あなたが想像している以上に簡単なことだということを、まずは知っておいてください。

では、次章から具体的な内容に入っていきます。

Chapter 2

第 2 章

「相手がイヤがること」など、何もしなくていい

Customer

ムリなお願いをして嫌われたくない。
相手をガツガツと説得したくない。
愛想笑いなんて、したくない。

誰でも、そう思うのは自然なこと。
でも、「それでは営業失格だ」と思っている人も、多いと思います。

そんなことはありません。
むしろこうした「控えめな人」ほど売れるというのが、いまの時代なのです。

静かな人、穏やかな人、控えめな人は、静かな自分、穏やかな自分、控えめな自分のまま、お客さまに会いに行けばいい。
むしろ、そうすることが売れるための近道なのです。

ウソだと思う人も多いと思います。
でも、ひるがえって自分のことを考えてみてください。
あなたは、ムリヤリ売り込もうとする営業のことが好きですか？
説得されてモノを売りつけられて、うれしいと思いますか？
妙に上機嫌で話し続ける人の前にいると、なんだか疲れてしまいませんか？

それを考えてみればおのずと、「静かな営業」の価値が見えてくるはずです。

「売り込まない」から売れる

売り込みをするのはプレッシャーが原因!?

営業というとどうしても「売り込み」のイメージを持っている人が多いようです。とくに営業未経験者は「ムリヤリにでも売り込むことが営業だ」と思い込んでいる人もいるでしょう。営業をやろうかと迷っている人や、独立起業したいと考えている人もやはり、「売り込み」への抵抗感を抱えていたりします。

とりわけ物静かなタイプの人は、「お客さまに売り込まなきゃいけないのなら、営業なんてやりたくない」と思っている人も多いでしょう。私もかつてはそうでした。

そして実際、毎月のノルマや上司からの指示で、毎日「売り込むこと」を強要され、それに必死に耐えている人もたくさんいます。

自分を押し殺して振る舞うことへのストレス。

苦手なことをやらなきゃいけないプレッシャー。

上司やまわりの人からの冷たい視線。

私もリクルートに入社直後の売れない時期、まさにこれらのことに苦しんでいました。オフィスの壁に貼られた営業担当者ごとの売上グラフを見ないように、いつも避けて通っていたものです。

売れない状態が続くと、「ムリしてでも売らなくちゃ」という気持ちになってきます。営業の頭にあるのは、売ることのみ。お客さまの都合などは考えないようになる。そして会社としては、そうして営業にプレッシャーをかけることで売上を伸ばしていく。

でも、そのやり方はそろそろ限界が来ています。実際のところ営業＝売り込みではありません。**むしろ売り込もうとするほうが売れません。**

なぜ売り込むと売れないのか？　その理由がわかれば、堂々と売り込まない営業スタイルを実践できるようになります。

信頼される営業は売り込まない

「売る」というのは、営業を主体とした考え方です。反対にお客さまを主体にすると「買う」となります。この違いはとても重要なので覚えておいてください。

売れるかどうかはすべてお客さまの意思で決まります。営業がどんなに売りたいと強く思っていたとしても、それは商談成立には関係ありません。

その視点で「売り込む」ことを考えてみれば、自然と答えが出てきます。

自分の気持ちに反して営業が売り込んできたとしたら、お客さまの気持ちはどんどん離れていきます。もう少し検討してから買おうかなと思っていても、**営業が「いますぐ買ってくれ」と強引に言ってきたら、買いたくなくなります**。つまりこの時点で、将来の売上を逃しているのです。

また、強引に売り込んでくるような営業を友人に紹介したいとは誰も思いませんので、紹介の可能性も消えてしまいます。

さらには、あまりに強引な売り込みをしてお客さまを不快にさせてしまうと、ＳＮＳ

などで悪評を流されてしまうことにもなりかねません。

そう考えると、売り込むという行為はマイナスにしかならないのです。

お客さまが「いまはいらない」と言ってきたら、素直に応じましょう。**さわやかに「わかりました。今日は帰ります」「また新しい情報が入ったらお声がけしますね」と言えばいい**のです。すると、次のチャンスも残ります。

その場で強引に売ろうとして、後のチャンスもつぶしてしまうか、それともその場で売ることはやめて、将来への布石を打っておくか。最終的にどちらが売上につながるかというと、圧倒的に後者です。

お客さまが求めているのは、大声でガンガン売り込んでくる営業ではなく、自分の気持ちに寄り添ってくれる静かな営業なのです。

POINT

「売り込み」は売上もお客さまの心も逃してしまう行為。

「お願いしない」から売れる

お客さまに嫌われる行為はマイナスでしかない

私は子供の頃から人にお願いするのが苦手でした。自分の都合で相手に迷惑をかけてしまうことがイヤだったからです。それは大人になったいまでも変わりません。

ところが自分が営業になってみると、その苦手なお願いをたくさんしなければなりませんでした。

「お時間ください」

「話を聞いてください」

「買ってください」

与えられた営業マニュアル通りに話そうとすると、お願いトークだらけになってしまうのです。

知っている人にお願いするのも苦手なのに、仲良くもないお客さまに対してお願いをするというのは、当時の私にはかなりの抵抗感がありました。

しかも、そのお願いはかなりの確率で断られます。断られることを承知でムリにお願いしていることも多かったので、ストレスもたまりまくっていました。

さらに、断られて帰ってくると、「売れるまで何度もお願いしてこい！」と上司から言われます。そしてその通りにやろうとすると、今度はお客さまから嫌われます。

売れないと上司から叱られ、上司の言う通りにやるとお客さまから嫌われる。もともと人に嫌われることを極端に避けて生きてきたにもかかわらず、結局、まわりの人すべてに嫌われているのが現状でした。

売れるようになりたいけれど、お願いはしたくない。あなたは、そんな矛盾するような気持ちを抱えていませんか？

でも、大丈夫です。実際にはお願いしないほうが売れるのですから。

お願いしてこない営業にお客さまは心を許す

あなたは、人からのお願い事に対して、気軽に断ることができますか？

私はこれも苦手です。申し訳ない気持ちになってしまうからです。結局のところ、お願いするのもお願いされるのも苦手なのです。

それを踏まえて、お客さまの立場になって考えてみましょう。営業からのお願いを断るお客さまの心理は、どんなものなのでしょうか。

お客さまも人間ですから、断ることにストレスを感じています。つまり、お願いするということは、お客さまにストレスを与えているのです。

しつこくお願いすれば、その分だけ強いストレスになります。これが、営業に会いたくないお客さまの心理です。

お客さまは営業されることが嫌いなのではなくて、お願いされて断るという行為を避けたいだけなのです。

ということは、お願いしてこない営業になら気軽に会ってくれるという理屈になります。つまり結論は、自分も苦手でお客さまもイヤがっている「お願いする」という行為はやめたほうがいいということです。

お願いする代わりに、このようにアプローチしてみてください。

「あなたにこんなメリットがあるかもしれませんが、詳しく聞いてみませんか？」

「御社にとってこのように悪くない話なので、お時間取れませんか？」

会ったほうが得かも、聞いたほうがいいかも、と相手に思わせる工夫をすること。

何も考えずにお願いして回ればいいと思っていたら、いつまでも売れずに終わってしまいます。

どうしたらお客さまから「会いたい」と言ってもらえるかを考えるのが、本来の営業の仕事なのです。

POINT

「お願い」でお互いにストレスを抱えるより、提案を工夫しよう。

「説得しない」から売れる

人は誰しも説得なんてされたくない

イヤがる相手になんとかして「ＹＥＳ」と言わせるのは至難の業です。

もともと私は自分の話術で人を説得した経験もなかったですし、説得しようとすら考えたこともありませんでした。そもそも、新人の営業が年配のお客さまを説得するなんてできるわけがないと思っていました。

その半面、説得力のある営業にあこがれもありました。

では、ここで質問です。あなたは誰かに説得されたいと思ったことがありますか？

私はありません。自分の気持ちや判断を人に変えられるのは、あまり気持ちのいいことではないですからね。

それはお客さまも同じことです。**お客さまは説得されてまで買いたいとは思っていません**。根が頑固な人なら、営業から説得されるほど反発してむしろ買わないでしょう。

やはり買うときは、自分で納得してから自分の意思で「買う」と言いたいものです。

たまにメリットを連発して攻めたてる営業を見かけます。相手に反論する隙も与えず、しゃべり続けて売ろうとするタイプ。私はこのような営業をされるとすぐに思考停止になってしまいます。

こちらから口を挟まない代わりに話も聞いていない状態です。当然、買うことはありません。

そのことに気づいてから、説得力に対するあこがれは消えました。そう、説得などしないほうがいいのです。

淡々とお客さまの不満を取り除くだけ

とくに相手が迷っているときには、あと一押しとばかりについ説得したくなりますが、実はもっと簡単に売れる方法があるのです。

迷っているお客さまの頭の中はどうなっているのでしょうか？

迷うということは、欲しい気持ちはあるのです。**欲しいけど何かが不満で「買う」とならない状態のとき、人は迷います**。つまりニーズはあるということです。

ただ、すでに欲しがっている人に、商品の良さを連呼しても効果はありません。

むしろ、ポイントは「どこに不満を持っているのか」です。お客さまの意識はそこに向けられているのですから。そこで有効なのがこのセリフ。

「どこか気になっている点はありますか？」

お客さまの頭の中を支配している不満ポイントを聞くための質問です。

その答えに対して、「ご安心ください」と丁寧にわかりやすく伝えます。お客さまとしても自分の気になる点なので、真剣に聞いてくれます。

そうすれば、ことさらに語気を強めたりしなくても、結果、説得力のある話ができるのです。

ここで気をつけたいのは、不満ポイントは一つとは限らないということ。一つだけ聞いて満足せず、「他にはありませんか?」と念押しすることで、すべての不満を取り除く作業をします。

不満がすべてなくなったとき、お客さまは断る理由がなくなります。

そもそも欲しいと思っている商品なのです。気になる点がなくなれば、喜んで「買う」と言ってくれるのは必然です。

ムリに相手の気持ちを変えようとするのではなく、相手の気になっている点に寄り添って解決することで、スムーズに売ることができるのです。

そのためには、お客さまが自分の商品に対して不満を持ちそうな点をあらかじめチェックして、その不満を解決するための説明材料をそろえておきましょう。

POINT

「迷い」はチャンス。「どこに引っかかっているのか」を見極めよう。

「説明しない」から売れる

上手なしゃべりは本当に必要なのか？

営業の代表的な練習方法として、ロールプレイ（以下ロープレ）というものがあります。社内で上司や先輩を相手に商談の模擬練習を行うものです。

私はこのロープレが大嫌いでした。記憶したセリフをそのまま話すことが苦手なので、どうしてもぎこちなくなってしまうのです。さらに、声が小さいとか、抑揚《よくよう》がないなどと指摘されて、余計に緊張してしまうありさま。ほめられたことは一度もありません。

それでも最後には全国トップになれたのですから、営業にとってロープレがうまいかどうかは関係ないことがよくわかります。

反対に、ロープレがものすごく上手な人もいました。アナウンサーがニュースを読むようにスラスラと商品説明の言葉が出てくる。上司からの評価は高いのですが、そんな人に限って売れないケースがよくありました。

「なんでおまえが売れないんだろう？」と上司も当人も首をかしげている。

でも、いまならその理由がわかります。

上手に話せる人ほど、「自分が上手にしゃべる」ことに意識が向いてしまって、お客さまへの意識が薄くなる傾向があるからです。

うまい説明をすれば相手は聞いてくれると思い込んでいる人は多いですが、実際は違います。どんなにしゃべりがうまくても、その内容に興味がなければ誰も聞いてはくれませんよね。

聞いてくれないけれど上手な説明と、聞いてくれるけれど下手な説明。営業として目指すべきは後者の「相手が聞いてくれる」説明です。上手な説明をすれば売れるというのは、単なる妄想にすぎません。

いかに相手にしゃべってもらうかがコツ

とくにしゃべりが苦手な私のようなタイプが上手にしゃべろうと努力すると、かえって売れなくなります。**私が売れるようになったのは、説明の練習をやめたから**です。

そこには明確な理由があります。

それは、説明の練習をすればするほど、練習通りにしゃべりたくなるものだから。

せっかく頑張って覚えたセリフなので、最後まで全部言いたくなります。でも、それでは、聞いているお客さまが、途中で「それってどういう意味？」「そこをもう少し詳しく聞きたい」「そこはもう知ってるよ」などと思っていたとしても、口を挟む余地がありません。それが問題なのです。

そこで、私が心がけたのは「会話型説明」です。

自分の話が長くなったなと感じたら、次のように投げかけます。

「ここまで大丈夫ですか？」

「ここまでで質問はありませんか?」

「どこかわからない点はありませんか?」

すると相手は、「大丈夫です」とか「ちょっと質問があります」などと答えてくれます。つまり相手にしゃべってもらうことで、一方通行の説明ではなく会話をしながら説明している状態を作るのです。

私は講演などで大勢の人を相手に話すときにも、同じことをしています。

こうすることで、聞き手は自分に寄り添って話してくれていると思いますし、こちらとしても話しやすい状態を作れます。

そうすると、ぎこちない説明でも十分に相手に伝わるのです。

私は相手の気持ちを気にしすぎるタイプなので、ちゃんと聞いてくれているかがとても気になります。多くの「内向型」の人も同じではないでしょうか。営業ではむしろ、それが強みとなるのです。

POINT

スラスラ説明するより、しばしば立ち止まろう。

「反論しない」から売れる

正論が常に正しいとは限らない

営業のテクニックとして、よく「切り返しトーク」というのを耳にします。

お客さまから断られたときにうまく切り返し、買ってもらおうとするものです。

これ、私はとても苦手です。相手の意見に反論するということは、つまり相手を否定することになるからです。それがたとえ正論だったとしても、自分の考えや判断に対して真っ向から反論されると、やはり人間なのでカチンときます。

普段のプライベートの会話でも、やたらと自分の意見を主張する人っていますよね。

こちらの言葉に対して「でも」や「だけど」で返してくるタイプ。本人にその気がなくても、なんとなく「マウント」を取ってくるような人。そして、その人とはもう二度と会いたくないと思ってしまいます。

これは営業の場面でも同じこと。**いつも切り返してくる営業には、会いたくなくなる**ものです。

お客さまとしても、営業の言っていることが正しいと思っていたりすることもあります。ただ、理屈では納得しているのですが、正論の刀で自分の意見をバッサリ切られると、感情的には面白くありません。

「とにかく買わない！」と半ばふてくされたように拒絶してしまうこともあります。

頭の回転が速くて弁も立つ営業が、必ずしも売れているかというとそうでもない理由がここにあります。相手の感情を損なうと、どんな理屈も通りません。

一歩引いて相手の感情に寄り添う

まずは相手の感情に意識を向けた行動を取りましょう。反論する（正論を振りかざす）のではなく、「認める」のです。

例えば生命保険の営業の場合、

お客さま：「保険はちゃんと入っているから必要ないよ」

営業：「はい、確かに良い保険だと思います。補償も充実していますし、掛け金も手ごろですしね」

と、まずは相手が過去に下した決断を認めて評価します。ここが重要。すぐに反論したい気持ちをグッと抑えます。

お客さま：「まあね、入ったときはかなり悩んだからね」

営業：「大事なものなので慎重になって正解です」

ここでやっと、指摘ができるようになります。しかし、あくまで「そっと」。

営業：「ただ一点だけ気になるのが、先進医療への補償がない点です」

お客さま：「どういうこと？」

最初に相手の保険内容を認めているので、感情的にならずに素直に聞いてくれやすくなっています。

営業：「加入当時はまだなかったので仕方がないのですが、ガン治療なども進化していまして、高額の先進医療への対応だけがありません」

お客さま：「そうなの？」

営業：「そこだけは見直しておいたほうがいいと思いますよ」

お客さま：「なるほど、ちょっと詳しく教えてよ」

最終的には、こちらの主張を受け入れてもらっています。

大事なのは、相手の意見をまずは認めること。

「なるほど、そういう考えもあるんですね」

「おっしゃる通りです」

「その判断は正しいと思いますよ」

こういったセリフで感情面を押さえたうえで、新たな提案や指摘をしてあげる流れが理想です。

反論して言い負かしたとしても、関係性が悪くなったらそこで終わりですからね。

POINT

正論は振りかざすよりもあとからそっと出す。

「目の前の人に売ろうとしない」から売れる

その窮屈な営業をいつまで続けますか？

突然ですが、あなたは目の前の人に売ろうとしていませんか？

「そんなの営業なんだから当たり前でしょ」

と言いたくなるかもしれませんね。

営業である以上、目の前の人に売るのは当然だし、むしろ売らないのに人と会うべきではない、と思っている人がほとんどです。

でも、それは営業の立場にすぎません。

お客さま側から見てみると、来るたびに売り込んでくる営業は面倒な存在です。いちいち断らなくちゃいけないし、しつこくされたら迷惑です。

だから居留守を使ったり、忙しいからと会わなかったり、「何かあったら連絡する」と言ってそれっきりにしたりして、どんどん疎遠になっていきます。

営業は売るのが仕事ですが、お客さまは売られたくないと思っている。

イヤがっている相手をムリヤリ振り向かせて売ろうとする行為が本来の営業なのか？

私は違うと思っています。というよりも、そんな営業は内向的な自分には性格的にできません。

異業種交流会などで、片っ端から名刺を配って売り込んでいる人を見ると、痛々しい気持ちになります。自分はそんな営業はやりたくない。だけど売らなければ仕事にならない……。そんな葛藤を抱えている人は多いのではないでしょうか。

でも大丈夫です。自分もやりたくないし、お客さまもイヤがっているような営業スタイルは、もうやめてしまいましょう。

その代わり、お互いに気持ち良く付き合いながら売れるスタイルをオススメします。

本当に売るべき相手は他にいる

私は営業時代に、絶対に買ってくれない人によく会いに行っていました。

一見するとサボリに行っていると思われるかもしれませんね。

でも違うのです。雑談もしますが、基本的に「仕事の相談」に行っていたのです。

相手に売ろうなどとはまったく考えません。相手も私が売り込んでこないことを知っているので、気軽に会ってくれます。

その場には緊張も駆け引きもありません。居心地のいい空気が流れています。

「今度、こんな新商品が出るのですが、どうやって売ったらいいですかね？」

このように相談していると、ときどき知人を紹介してくれます。

「これなら彼のところに行ってみたらいいよ。電話しとくから」

会いに行くと高確率で商談が決まります。

私がやっていたのは、**目の前の人に売ろうとするのではなく、その人のまわりにいる人に売れるような働きかけ**でした。

お客さまは、自分に売り込んでこない営業は受け入れてくれます。相談にも親身になってくれます。

とくに、人脈が多い人や、面倒見のいい人には、その人に売ろうとすることをやめてみてください。

私はそのような人に会うときには、**玄関前で「今日は絶対に売らない」と自分に言い聞かせてから入っていました。**下心がない営業なら相手も心を許します。フラットな関係でいられるので、自分も心地よく付き合えます。

会う人すべてに売り込んで、拒絶され続ける営業よりも、売り込まないことで気持ち良く紹介してもらえるスタイル。これこそまさに「静かな営業」です。

とくに用事がなくても、気軽にお茶を飲みに行けるような、そんなお客さまを増やすことを、ぜひオススメします。

POINT

「今日は売らない」と決めてお客さまに会うと、売れる。

COLUMN

相手から声をかけてもらえる「自己紹介」のコツ

◆内向的な人は、自己紹介も苦手

このコラムでは、より具体的な営業テクニックについてご紹介していきたいと思います。まずは「自己紹介」です。

あなたは自己紹介が得意ですか？　というよりも好きですか？

私はずっと大嫌いでした。学校に行っていたときも、クラス替えのたびに自己紹介タイムがありましたが、嫌いというより恐怖でした。

自分の順番が来る前に何を言うかを考えなければなりませんから、そもそも人の話なんて聞いている余裕はありません。そして実際に自分の順番になると、頭が真っ白になって自分の名前を言うので精いっぱい。汗だくになって着席する。毎年、同じことを繰り返していたものです。

いま思えば、自己紹介は毎年あるのですから、何を言うかをあらかじめ考えておけばよかっただけの話です。

そしてまさに、「準備しておく」ことで大きな効果が得られるのが、営業における自己紹介なのです。実際、自己紹介を変えるだけで仕事がバンバン入ってくるというのは、本当にある話なのです。

◆初対面の際、「社名と名前」だけで終わっていませんか？

初対面の相手と接する際、あなたはまず、何を言うでしょうか。

多くの人は、まず社名と名前を言うと思います。そのまま「お時間いただきありがとうございます」などと言って、いきなり商談に入る人がほとんどではないでしょうか。

でも、社名や名前を言うだけで、あなたの商品は売れますか？　まず売れませんよね。興味すら持たれないと思います。

ということは、その情報は営業的には価値が低いということです。

かといって、いきなり趣味の話とかをしても、相手はいぶかしがるだけでしょう。そもそも、「静かな人」「控えめな人」にとって、趣味の話をスラスラと話すなんてできっこありません。

だからこそ、事前に準備して、短い言葉で最も営業的な価値の高い自己紹介をすべきなのです。

こうすることで、自己紹介は苦手なものから、強力な営業活動に変わります。

◆少ない言葉で最大の効果を出す

売れる自己紹介のポイントはたった二つです。

それは「誰に」「何を」を伝えることです。

例えばあなたが、仕事紹介のビジネスをしているとしましょう。

そこで初対面の人に「仕事紹介業をやっている○○社の××です」と自己紹介したとしても、相手としては「ふーん」で終わることでしょう。

しかし、例えば、

「子育て中のお母さんに自宅で気軽にできる仕事を紹介しています」なら、どうでしょうか。

自分が子育て中の人はもちろん、自分の会社にそういう社員がいる管理職も「もう少し詳しく話を聞かせて」となるのではないでしょうか。

どんな商品やサービスでも、ターゲットに対してなんらかの価値を提供しています。その価値に対してお客さまはお金を払うというのが経済の仕組みです。

それを「誰に」「何を」というかたちで、自己紹介として提案すべきなのです。

◆異業種交流会で手当たり次第に名刺交換する愚

私は異業種交流会が苦手ですが、人脈を広げるためにどうしても参加しなくてはならないとしたら、自己紹介を徹底的に磨き上げます。

こうした異業種交流会において、ほとんどの人は手当たり次第に近くの人をつかまえて名刺交換をし、「何かありましたらよろしくお願いします」で終わりでしょう。でも、実際にその後「何かあった」ことがある人が、どれだけいるでしょうか。

むしろ、数をこなすより、少数の人に短い言葉で印象に残るようなアプローチをすべきなのです。例えば、

・猫専門の訪問型ペットシッターです。
・ソロキャンプに興味がある人専門の楽しみ方教室をやっています。
・企業の社長だけを相手にしたメンタルコーチをやっています。

といった言葉なら、少なくとも印象には残るはず。これらはすべて、「誰に」「何を」で構成されています。

◆「ペットシッターです」より「猫専門のペットシッターです」

ポイントは絞り込みです。「あれもやっています、これもやっています」では、印象に残りません。あなたのやっていることの中でも最も尖っていること、「誰に」「何を」がわかりやすいものを、自己紹介に盛り込みましょう。

絞り込むと、もちろん、刺さらない人にはまったく刺さらないでしょう。でも、それでいいのです。ペットを飼っていない人に「猫専門のペットシッター」はまったく興味

が湧かないと思いますが、それを横で聞いていた猫好きの人がいたら、相手から声をかけてくる可能性は高いでしょう。自ら追いかけて説明してまわるよりも、はるかに効率的に自分が会うべき人と出会うことができるのです。

とくに、自分から押すのが苦手な内向的な人にとっては、この方法は極めて有効です。

ちなみに私も「内向型で売れずに悩んでいる営業に、しゃべらないでも売れる方法を教えています」という自己紹介に変えたとたん、仕事が入り始めました。

目の前にいる人全員に伝える必要はありません。シンプルな言葉で自分のターゲットだけに届ければいいのです。

あなたなりの自己紹介をぜひ考えてみてください。

そして、いろいろな場所で試してみてください。相手の反応が明らかに変わるのが体感できるでしょう。

COLUMN

冷たく断られないテレアポ

◆「お世話になります」は禁句

営業の中でも嫌いな作業の筆頭といえば、テレアポでしょう。

もちろん私も大嫌いです。

電話をするたびにほとんど断られてしまうような、ストレスがたまるわりには効果が出ない作業など、誰だってやりたくないはず。

しかし、そんなことを言っていられない場合もあります。

そこで、効率良くアポが取れて、しかもストレスがかからない方法をお教えします。


まず、第一声の問題。

「お世話になります」「お忙しいところすみません」を絶対に使わないこと。

多くの営業（ほとんどと言っていいほど）は、このセリフを当たり前のように使っています。あなたはいかがですか？

このセリフこそがアポが取れない元凶だと知っている人はごく少数です。

そもそもアポ取りの作業というのは、営業ではなくリサーチです。商品に興味を持って話を聞いてくれる人を探す作業なのです。

ところが、先ほどのセリフを使うと、お客さまに「この電話は営業だな」と思われてしまい、最初から警戒心が上がってしまいます。そのあと、どんなに良いことを言ったとしても聞いてくれません。したがってアポも取れません。

使うべき言葉は「ちょっとおうかがいしますが」です。

ちょっとあなたにたずねたいことがあるのですがよろしいでしょうか、と切り出すことで、相手は警戒せずに聞いてくれます。

◆お願いよりも「リサーチ」を

会ってください、お時間ください……これもアポ取りでは禁止です。

そもそもどこの誰かもわからない相手のために、自分の貴重な時間を使おうなどとは誰も思いません。たとえ暇だったとしてもです。

そこで、「そんな話なら聞いてもいいかな」と思ってもらえるようなセリフが必須なのです。

「あなたにとってメリットがあるかもしれない話があるのですが、お聞きになりたいですか？」

これがテレアポのキモです。

自分の商品がお客さまにどのようなメリットをもたらすのか。それを伝えることで初めて、お客さまは会うかどうかを検討します。

私が指導しているのは、

「このサービスを使うことで○○万円の利益が出る可能性があります。ただ、利益が出ない会社もあります。御社ではどれくらい利益が出るかを、一度チェックしてみませんか？」

といったセリフです。これをベースに各自で応用してやってもらいます。

そして利益が出そうな結果が出たら、そこからが営業スタートです。

これは飛び込み営業も同じこと。最初から売り込もうとしたりお願いしたりしているから、先に進めないのです。

まずはリサーチすること。その結果に応じて営業するという順番でアプローチすれば、効率は大幅にアップしますし、何よりも冷たく断られることがなくなります。一度試してみてください。

Chapter 3

第 3 章

「自分の弱点」を活かす工夫をすればいい

Character

相手を引き込むような話術。

当意即妙な切り返し。

自然に流れるようなトーク。

会話力、コミュニケーション力に優れた人はどこの世界にもいるものです。

うらやましい限りです。

この能力は営業においても強力な武器になります。

しかし、売れている人がすべてこの能力を持ち合わせているかというと、そんなことはありません。

むしろ、「口下手」な人がトップ営業になっている会社もたくさんあります。

それはいったいなぜなのでしょうか?

口下手だけど売れている人には、一つの共通点があります。

それは「弱点を強みとして活用していること」です。

自分の弱い部分を克服するのではなく、逆に上手に活かすことで強みに変えている。

一般的に弱点と思われていたことが、営業の最強の武器になるとしたら、いかがでしょう。

「気が弱い」「あがり症」「アドリブが苦手」……そんな、一見すると弱みの部分をどうしたら強みに変えることができるのか。そしてその武器をどう有効に使えばいいのか。

この章では、その方法についてお伝えしていきます。

「気が弱い」から売れる

「心を強くするため」に、営業の世界に

私が営業の仕事に就いたのは、もともと営業がやりたかったからではありません。

当時の私は、人の顔色をうかがって、嫌われないようにいつもビクビクしていました。営業という人と会う仕事をすれば、そんな自分を変えることができるのではないかと考えたのです。

とくに営業は断られることが仕事のようなものですから、心が鍛えられるに違いない。そう思い込んで営業の世界に飛び込んだのです。

でも、現実はそううまくはいきませんでした。

本当の自分を偽り、明るい自分の仮面をかぶってお客さまに会いに行くのですが、お客さまはそれをすぐに見抜いてしまいます。

「なんかムリしちゃってるなあ」

「背伸びしているなあ」

面と向かってそう言われることはなくても、明らかにそう感じていることが私にも伝わってきました。

また、そうして偽りの仮面をかぶることは、お客さまに対してウソをつくことでもあります。当然、お客さまからも信頼されません。


気が弱いくせに強気に振る舞おうとしていた私は、他人から見ると完全に「痛い人」だったと思います。慣れないことばかりやろうとして、いつも空回りしているような状態でした。

営業として売れないことはもちろん、そんな自分がイヤで、ずっと苦しんでいる状態でした。

「営業を辞めよう」と思ったら、うまくいった

そんな私が売れるようになったきっかけが、ある先輩との同行営業だった話は前述した通りです。

それからの私は、「素のままの自分」で営業をするようになりました。

強気に売ろうとしても売れないのなら、ムリして強気な自分を演じる必要もない。**どうせ売れないのなら、せめて少しでもラクな状態で営業に行こう。**開き直ってそう考えました。

そして、これでもダメならもう営業は辞めようと本気で思っていました。

すると、肩の力が抜けて、自然体でお客さまと接することができるようになっていきました。

そして、そんな私をお客さまも受け入れてくれました。

「気の弱い自分はもう治らない」とあきらめる

ただ、結局、私の気の弱さは改善されませんでした。お客さまに何かをお勧めしたくても、嫌われるのがイヤでなかなか切り出すことができない。

そこでもう、割り切ることにしました。自分の気の弱さは変えられない。だったら、気が弱くても売れる方法を見つければいい。

そこでたどり着いた結論が、「相手のことを正確に知る」です。

相手のことがわかっていれば、お客さまにぴったりの商品を自信を持って勧めることができる。

では、相手のことを正確に知るにはどんなヒアリングをすればいいのか。しかもムリに聞き出すのではなく、自然に本音を話してもらうための聞き方とは何か。

このように、**弱点を克服するのではなく、「弱点を活かす」べく工夫をするようになった**のです。

その結果として生まれたのが、営業を6ステップ（P.112コラム参照）に分けるという考え方でした。

詳しくは後述しますが、営業を、

ステップ①新規開拓：商品・サービスに興味がありそうな相手を探す作業
ステップ②アイスブレイク：警戒している相手のガードを下げる作業
ステップ③ヒアリング：売るべき相手かどうかを確認する作業
ステップ④商品説明：相手にピッタリ合った説明をする作業
ステップ⑤クロージング：迷っている要因を取り除く作業
ステップ⑥フォロー：相手との関係性をつなげる作業

に分けるという考え方です。

そして、それによって成果を上げ、いまではそれを教える仕事をするまでになったのです。

いまの自分があるのはすべて、生まれつきの気が弱い性格のおかげです。

断られるのがイヤな自分も、認めてあげる

あなたの「弱さ」はどこにあるでしょうか。

もし「断られるのがイヤで仕方がない」というのなら、「断られない営業の方法」を考えてみましょう。

「人と直接会うと緊張してしまう」というのなら、資料などを充実させ直接会わなくてもいい営業の方法を模索しましょう。

まわりの人と同じことをする努力よりも、自分ならどうするかを考えること。

そのためにも、自分の弱さと正面から向き合う習慣をつけてください。

POINT

自分の「弱さ」と向き合い、それを利用する。

「あがり症」だから売れる

あがり症の天敵は急なアクシデント

私は自他ともに認めるあがり症です。

子供のときからすぐに顔が真っ赤になるタイプで、営業の仕事を始めてからもあがり症に苦しめられました。

なるべく堂々と振る舞おうとするのですが、体質は変えられません。あがり症の人ならわかると思いますが、自分の意思に反して身体が勝手に変化（赤面、発汗）してしまうことへの恐怖。そして実際にあがってしまったときの逃げ場のない絶望感。自分で自分をコントロールできなくなることがつらいのです。

セミナー講師という仕事をしているいまでさえ、あがり症は完全には克服できていません。

ただ、いまではたまにじわっと背中に汗が出る程度で、赤面することも顔中が滝のような汗になることもなくなりました。あがり症とうまく付き合えるようになったからです。

かつての私があがってしまうのは、「予想外のことが起きたとき」でした。例えば、

・名刺を忘れてしまったとき
・電車が遅れて遅刻してしまったとき
・急に役員に対してプレゼンすることになったとき

など。突発的トラブルにめっぽう弱い性格なのです。

例えば取引先への到着が約束の時間ギリギリになってしまうと緊張であがってしまい、商談にも集中できなくなってしまいました。

そこで、考え方を変えました。「**突発的なトラブルでもあがらないようにする**」

のではなく、「そもそも、突発的なトラブルが起きないようにする」ことに注力するようにしたのです。

あがらないための行動が営業力を高めてくれる

まず、絶対に遅刻しないために、約束の時刻の30分前には到着するペースで行動するようになりました。それなら事故で電車が遅れたり、道に迷ったりしてもたいていは間に合います。時間通りに到着できれば、心に余裕ができて緊張することもなくなりますし、おかげで遅刻とも無縁になりました。

また、名刺が足りないとか、パンフレットを忘れるなどの凡ミスも絶対に避けたいので、いつも多めにカバンに入れて持ち歩くようにしました。重くはなりますが、それでも忘れたときのパニック状態が解消されればそれでよしとします。

さらに、初対面の人と会ったときに、何も話すことがないとこれまたあがってしまうので、事前に話題を準備する習慣もつきました（このアイスブレイクの方法は、後に一冊の本になっています）。

このような準備はあがらないためのものでしたが、こうした**慎重な行動が、トラブルの火種を事前に消すことにもなり、お客さまからの信頼にもつながっていきました**。まさに、あがり症がプラスになったのです。

あがり症に悩む人は多いと思いますが、それがプラスになると考えれば、気の持ちようも変わってくるのではないでしょうか。

それでも、突発的なトラブルが起こったら、やはりあがってしまうかもしれません。

そのときは素直に自分を受け止めればいいのです。

POINT

「なぜ、あがってしまうのか」の原因を突き止め、なくしていこう。

「マイナス思考」だから売れる

いつも冷めていた自分

私は基本的にマイナス思考です。何かを始める際には、成功したときのイメージよりも、失敗したときのことをまず思い浮かべます。まあ、成功体験が少なすぎるというのも要因でしょうが。

会社の会議などで新しいプランについてみんなで盛り上がっているときでも、

「でも、そんなにうまくいくのかな?」

「安易に進めないほうがいいんじゃないのかな?」

などと冷めたことを考えがちでした。

営業の場面でも同じです。

「このデータを見せてお客さまがピンと来なかったらどうしよう」

「このセリフではお客さまの反感を買う可能性がゼロではない」

「このやり方が間違っていたらすべてがムダになる」

常にうまくいかないイメージが先行してしまって、言葉や表情にもその自信のなさが表れてしまうのです。

また、失敗を極度に恐れ、「考える前に動け！」などと言われても、そう簡単には動けません。そのため、いつも同僚に出遅れてしまっていました。

そして、そんな自分がつくづくイヤでした。

あえてアポを「2日後」にした理由

そんな中、「マイナス思考でいいんだ」と思わせてくれる出来事がありました。

あるとき、お客さまから電話がかかってきました。1ページの求人広告を出したいからすぐに来てほしいとのことです。

それだけで今週の目標はクリアできます。営業としてはうれしいことですが、そこでまた、マイナス思考が働き始めました。

「1ページの広告を出して、効果が出なかったらどうしよう？」

せっかく求人広告を出しても、応募が来なければムダ金になってしまいます。そうなったら、お客さまに迷惑をかけてしまいますし、怒って二度と広告を出してくれないかもしれません。

そこで私はあえて2日後に訪問する約束をして、電話を切りました。

確実に広告効果を出すためには、もっと大きな広告を出したほうがいい。そのためには、成功事例を探し、説得材料をしっかり準備してから訪問する必要がある。そこで、明日1日かけてプレゼンの資料を整えたい。そう考えたのです。

そうして準備を整えて訪問した結果、先方の社長に納得してもらい、2ページの広告を2週連続で出すことに決まりました。当初の予定の4倍の売上です。

効果はてきめんで、優秀な人材が採用でき、その後も定期的に広告を出してもらえるようになりました。まさにお互いにとってウィンウィンになったのです。

先方の社長も途中で悩んだりしましたが、準備しておいた資料やデータを見せることで納得してもらうことができました。「マイナス思考」だからこそ、社長の気持ちがわかり、それを払拭するための資料を準備できたのです。

この成功体験から、私はすぐに走り出すよりも、マイナス思考で慎重に準備をしたほうがいいということを学びました。**マイナス思考は、自分もお客さまも危険から守る保険のようなもの**なのです。

POINT

マイナスの想像力を働かせてピンチを未然に防ぐ。

「口下手」だから売れる

営業にとって口下手は致命的なのか？

私は子供の頃から「静かな子」「おとなしい子」でした。学校に行ってから帰ってくるまで、誰ともしゃべらない日もよくあることでした。それが苦痛でもなかったので、ことさらに人と話そうとも思いませんでした。

ただ、社会人になるとそうもいかなくなります。

仲間に誘われて飲みに行っても、会話に入っていけません。黙っていると気をつかわれて話しかけられたりもしますが、適当な返しもできずにすぐに会話が途切れます。つまらないヤツだと思われていたことでしょう。

何か言おうとは思うのですが、どんな言葉にするべきかなどと考えてしまい、結局、言葉が出ないまま終わってしまうことが多いのです。

ポンポンとテンポのいい会話で場を盛り上げている人を見ると、どういう脳の構造をしているのかと驚くばかりでした。

なんとか話題をひねり出そうと、本で覚えた面白いネタを突然話し出して、相手をキョトンとさせたことが何度もあります。いま思い返しても痛々しいヤツだったと思います。


それでも営業職に就けば自然とトークがうまくなると思っていましたが、それは甘い考えでした。同僚ともうまく会話できない人間に、お客さまとの会話が続くわけがありません。

家に帰ってお風呂で一人で会話の練習をしたり、こっそり会話教室に通ったこともあります。

それでも上達する兆しは一切なし。

そこで私は、上手にしゃべる練習をあきらめました。

上手にしゃべるより、別の方法を選んだほうがいいという考えに至ったのです。

私のカバンが常にパンパンだった理由

営業の仕事とは、お客さまに商品の良さを伝えて買ってもらうことです。「話す」というのはその「伝える」ための手段。

では、「話す」とは別の方法で、「伝える」ことはできないか。

そこで、**「話す代わりにツールを見せる」という方法**を取ることにしたのです。

例えば、以下のようなことです。

「便利です」→使い方の例をイラストでわかりやすく見せる
「丈夫です」→耐久テストのデータを見せる
「安いです」→他社との比較、業界内での比較表を見せる
「安心です」→サポートやアフターフォローが充実している資料を見せる

つまり、言いたいことに関する資料やデータなどのツールを準備しておき、必要に応

じて見せるのです。こちらが話すのは、「その点につきましては、こちらをご覧ください」というひと言のみ。

ツールに頼る説明は、何もない中でしゃべるよりも圧倒的にラクでしたし、何よりも言いたいことが正確に伝わりました。客観的なデータなので、お客さまの納得感も強まります。

私の営業カバンは大量の資料でいつもパンパンでしたが、この道具は私の言葉を補ってくれる強力な武器となりました。

すると、それを見た同僚たちが、同じものを使って成果を出し始めました。便利なものは誰が使っても便利なのですね。

しゃべることが苦手なら、別の手段で伝える工夫をすればＯＫです。

POINT

話すのが苦手なら、「ツール」を使って伝えればいい。

#「声が小さい」から売れる

私はとにかく声が小さい

あなたは喫茶店で注文したいときに、近くに店員さんがいなかったらどうしますか？

私は、店員さんが気づくまでじっと待ちます。大きな声で「すみませ～ん」と呼ぶことは絶対にしません。どうせ、声が届かないからです。

街を歩いていて、知っている人を見つけたときも、黙って近くまで寄ってから声をかけるようにしています。私が遠くから呼んでもおそらく聞こえないので。

私はとにかく、声が小さいのです。家の中でも妻との会話で、何度も聞き返されるなどしょっちゅうです。発声法なども教わったことがあるのですが、ほとんど変わりませんでした。

自分では小声でしゃべっているつもりはないのですが、私にとって普通の音量が、一般的には小さすぎるのでしょう。

声の小ささは営業の場面でも足を引っ張ります。

1対1での会話ならなんとか大丈夫ですが、広いテーブルを囲んだ複数人での場になると厳しいです。とくにこちら側は私一人で、お客さま側がたくさんいる場合は最悪。常に大声を出すことに意識が向いてしまって、会話に集中できなくなります。終わったあとはグッタリ疲れます。

会社の朝礼であいさつを任されたとき、「聞こえない」と言われて何度も言い直しをさせられたこともありました。

自分のエリアで勝負する

そんな私が選んだのが「自分のエリアで勝負する」という作戦でした。**声が小さい**

てもらえばいい。

のはもう、どうしようもない。ならば、自分の声が聞き取れるエリアに入ってき

私はまず、自分の声がどのくらい小さいのかを確認しました。

ビデオカメラをセットし、普通にしゃべったときと、ちょっと頑張ってしゃべったときを録画して聞いてみました。これにより、自分の声の射程距離がわかりました。

そして、その距離を目安に、お客さまとの商談に適した場所を探したのです。

具体的には、以下のような条件を満たす喫茶店などです。

・いつも絶対にすいていて、団体客も来ない店（まわりの人の声がうるさくない）

・BGMが静かな店（会話がBGMにかき消されない）

・4人掛けの円テーブル、もしくは4人掛けの正方形のテーブルがあるところ

・おいしいメニューがあるところ（誘いやすい）

そして、商談の際にはこちらから、

「お気に入りの喫茶店があるのでそこで話しましょう」

「ケーキがおいしい店があるので行きませんか？」

などと誘うのです。

つまり苦手な場所に自分を合わせようとするのではなく、**自分に合った場所に相手を誘う**ようにするのです。

ちなみに4人掛けの円テーブル、もしくは4人掛けの正方形のテーブルがある店を選ぶのは、正面ではなく相手の斜め横、45度くらいの位置に座ることができるからです。より近いほうが話しやすいですし、資料やパソコンなどを見せたいときにもやりやすいです。

飲みの席も同様です。落ち着ける個室がある店とか、学生の団体などが来ない店をチェックしておきます。

こうして自分のエリアで勝負するようになってから、商談成約率が格段に上がりました。「声が小さい」「声が通らない」という人は、ぜひ日頃から「自分のエリア」を見つけるようにしてください。

POINT

「自分のエリア」に連れてくることができれば、商談はうまくいく。

「アドリブが苦手」だから売れる

高い壁を一生懸命に登ろうとしていた

人との会話が終わってしばらくしてから、「あのときああ言えばよかった」などと後悔したことはありませんか？　私は頻繁にあります。

その場では適切な言葉が思いつかなかったり、気の利いた返事ができなかったりしたときなど、あとでひとり反省会をしたりします。テレビで芸人さんが絶妙なツッコミをしてまわりを笑わせているのを見ると、本当にすごいなあと思います。

「静かな人」「控えめな人」には、こうしたいわば「アドリブ」が苦手な人が多いように思います。

アドリブに関しては、得意の「準備」も効きません。

営業の場面においては、とくに最初のアイスブレイクでこの「アドリブ」の力が問われます。私はすぐに言葉が出なくていつも空気を悪くしていたのに、しゃべりのうまい先輩が当意即妙なひと言で相手の心をばっちりつかむのを見て、本当にうらやましいと思っていました。

とはいえ、その先輩のセリフを覚え込んだところで、別の場所で使えるわけがありません。

語彙力を鍛えるために落語やお笑いの本を読んだり、幅広い知識を得るために雑学の本なども読んだりしました。ただ、なかなか活かす機会はありませんでした。

登れそうにない壁は避けて通ればいい

そんなあるとき、ある売れている同僚のロープレの相手をすることになりました。

彼女は私の話にテンポ良くリアクションしてくれて、思わず、仕事を忘れて会話を楽しんでいる自分に気づきました。まさに理想的な営業の雰囲気です。

では、彼女は当意即妙なアドリブをしていたのかというと、そんなことはありませんでした。**私の言葉に楽しそうに「へえー」とか「すごい」とか、反応していただけ**なのです。

それだけで、自分の言葉をきちんと受け止めてもらえている感覚があり、とても気持ち良くしゃべることができたのです。

それで気づいたのです。「気の利いたことや面白いことなんて言わなくてもいい」と。

自分が面白いことを言わなくてはならないというのは、いわば、自分主体で見ていたということ。相手の言葉への意識が足りなかったことに気づきました。お客さまの言葉に集中して正面から受け止めるだけで良かったのです。

実際にお客さまの前でこの方法を試してみると、驚くほど反応が良くなりました。いままではこちらの話に無反応だった人も、身を乗り出して話してくれるようになりました。

これでいいんだ。アドリブなんて練習する必要はなかったんだ！

そう気づいたら、スッと気がラクになりました。

自分で勝手に難しいことをやろうとしていたのです。売れている人と同じことをやろうとばかりして、自らを苦しめていたことに気づきました。

この件に限らず、私が売れるようになったのには、一つのコツがあります。いろいろな壁にぶつかった際、その**壁を乗り越えようとするのではなく、避けて通るイメージを持つこと**です。ゴールへのルートが他にもあることに気づいたときに、自分なりの営業スタイルを見つけることができました。

最初のうちは、営業というのは苦しいものだと思っていました。でも違います。内気でおとなしい性格でも、自分がラクな道を通りながらきちんと成果を出すことが可能な職業なのです。

POINT

自分の性格に合わせたやり方を自由に見つければいい。

COLUMN

黙って見せれば相手に刺さる「ツール作り」のコツ

◆口で説明しづらいものはツールに任せよう

本文でも取り上げたように、「静かな営業」にとっては、しゃべらなくても見せるだけで効果を発揮する営業ツールは必需品です。

営業ツールというと、最初にイメージするのはパワーポイントできれいにデザインされた資料だと思います。でもそれは、商品に興味を持って聞く気になってくれた人にしか通用しません。

渡瀬流のツールはとてもシンプルです。

まず、お客さまとの会話の中でポイントをピックアップしていきます。

・質問されて答えられなかったこと
・説明しているけれど相手がピンと来ていないこと

つまり、現状では言葉で伝わらない（伝わりにくい）ことを絞り出すのです。

そして、そのポイントごとにツールに置き換える作業をします。

よく、一枚の用紙にいろいろな情報をびっしり入れて見せている人を見かけますが、それでは余計に説明が必要になってしまうのでやめましょう。

一つのツールで一つのことを伝えるのが原則です。

説明を加えなくても見ただけでわかるようなシンプルなものがベストです。

私が使っていたのは、新聞の切り抜き、労働白書などから見つけたデータ、他の営業が使っていた資料を簡素化したもの、ネット上の情報など。作るというより探す作業ですね。

そのような説明いらずのツールがあれば、「それについては、こちらをご覧ください」と見せるだけでＯＫです。営業がラクになるうえに、成約率も上がりますよ。

COLUMN

売れる営業のテクニックを盗むための「六つのステップ」

◆なぜ、売れた人と同じことをやっても売れないのか？

営業のノウハウを習得しようとするときに、売れている人を見本にするのは正しいことです。

会社の営業マニュアルなども、基本的には売れている人の行動をベースに作られています。

ただ、それで誰もが売れるようになるかというと、そんなことはありません。一定数の人はどうしても、結果が出ずに苦しむことになります。

結果が出ない大きな原因は、売れている人の「表面」ばかりを真似ようとしているから。

例えば、元気でしゃべりがうまい人を見ると、それが売れる要因だと錯覚してしまいます。しかし、それは本質ではなく、その裏にはきちんとしたベースがあったりするものです。

そこで、人の営業方法から学ぶ際、「ベース」を見抜くための良い方法をお教えしましょう。

これに沿って見ていくことで、その人の本当に売れる理由が明確になります。

◆売れる営業が必ずやっている六ステップ

売れる営業の流れを六つに分類すると次のようになります。

ステップ①新規開拓：商品・サービスに興味がありそうな相手を探す作業
ステップ②アイスブレイク：警戒している相手のガードを下げる作業
ステップ③ヒアリング：売るべき相手かどうかを確認する作業
ステップ④商品説明：相手にピッタリ合った説明をする作業
ステップ⑤クロージング：迷っている要因を取り除く作業

ステップ⑥フォロー：相手との関係性をつなげる作業

これは私が売れる営業を観察した結果として、どんな人にも共通して存在していた要素です。

売れている人ほど、この一連の作業を順番通りにきちんとやっています。

ただ、天才的に売れる人は無意識でやっていることが多いので、一見するとわかりにくいこともあります。ただ、よく見てみると、この流れ通りにやっているということに気づきます。

これらはもちろん、営業経験者なら実際にやっていることばかりだと思います。しかし、それぞれどんな作業なのかをきちんと説明できる人は案外少なかったりします。それを意識化することが大事なのです。

◆自分なりのラクな道でゴールを目指せばいい

この流れをきちんと理解することの利点は、自分に最適な営業スタイルを見つけられるということです。

例えば、軽妙なトークで取引先を盛り上げている人を見て、それを真似しようと思っても、私にはそんなトーク力はありません。

ただ、この「軽妙なトークで盛り上げる」を六つのステップで見てみると、これはステップ②の「アイスブレイク」のためにやっていることが見えてきます。

つまり、警戒している相手のガードを下げるために、その人は「盛り上げる」ことを選んでいたわけです。

つまり、盛り上げるためのトーク術を真似るのではなく、相手のガードを下げる方法を自分なりに見つければいいのです。

私の場合、とにかく聞き役に徹し、相手にたくさんしゃべってもらうことでガードを下げる効果を狙いました。人はしゃべるほどにガードが下がります。

あとはどうしたらしゃべってもらえるかにフォーカスするだけです。話を聞きながら、適切な質問や話題を振ることに意識を集中しました。

その結果、私なりの強力なアイスブレイクの手段が手に入りました。内向的な私には、このほうがよほどストレスなくできる方法です。

◆できる営業のテクニックを「変換」する

あるいは、毎日のように取引先と飲み歩いている営業がいたとして、あまりこうした場が得意でない人は、「自分にはとてもできない」と感じるでしょう。しかし、その行動がステップ⑥の「フォロー」（相手との関係性をつなげる作業）だということがわかれば、自分なりのフォロー方法が見えてきます。

例えば、定期的にお客さまの役に立つ情報をメールにて提供し、関係を切らさないようにするといった方法が考えられます。

このように、売れている人のすべてのステップを自分流に変換していくのです。すると、見た目は違いますが、やっていることは売れている人と同じになるのです。

私が普段から教えていることも、このステップがベースになっています。

営業を分解して見える化することで、自分がやりやすい方法でゴールに向かうことが可能になります。

苦手なことで苦労するのは時間と労力のムダです。ぜひ自分の営業スタイルを見直してみてください。

Chapter 4

第 4 章

「繊細な人」が最小のコミュニケーションで最大の効果を出す方法

Communication

控えめな人とは、繊細な人のことでもあります。

繊細だからこそ、人の感情を無視して売り込むようなことができない。

繊細だからこそ、自分の都合だけで相手を動かそうとすることができない。

こうした繊細さは、昭和型の営業にとっては「弱点」と言われていたかもしれません。


しかし、いまの時代はこうした「繊細さ」こそが、営業の大きな武器となります。

例えば「気にしすぎる」という特徴は、「細かいことによく気がつく」とも言い換えることができます。

その能力を発揮することができれば、お客さまの本心や、隠れたニーズにいち早く気づくことも可能となるでしょう。

このタイプの人は、あまり深いコミュニケーションをすると、疲れてしまうという傾向があります。

でも、それでいいのです。最小限のコミュニケーションで、最大限の効果を発揮すればいいのです。

本章でお伝えするのは、そんな対人コミュニケーションについてです。

「気にしすぎる」から売れる

人のことが気になる「繊細すぎる」性格

「物静かな人」は神経が繊細である人が多いと思います。時には繊細すぎて、いろいろなことが気になって仕方がないという人も。そんな人を指す、ＨＳＰ（ハイリー・センシティブ・パーソン）という言葉もあります。

私もそうした傾向を持っています。物心ついたときから、まわりの人の顔色ばかりが気になって仕方がありませんでした。先生が教室で何か面白いことを言ったときも、まず、まわりを見渡してみんなが笑っていたら自分も笑うという子供でした。変に浮かないように、目立たないように。

たとえ遊びの場であっても、やはり気をつかってしまいます。みんなで笑っているときも、一人だけ笑っていない人のことが気になります。

言葉や行動にも常に気をつけていました。下手なことを言って相手を怒らせたらマズイので、慎重に言葉を選びます。いくつかの選択肢を頭に浮かべて、その中から最適な言葉を出そうとするあまり、発言に時間がかかってしまいます。

大人になってもその性格は変わらずに、飲み会に参加しても帰る頃には神経が疲れ切ってしまいました。すべての人の発言を脳がキャッチしてしまい、思考がオーバーヒートしてしまうのです。

よく人からは「気にするな」とか「もっと気楽に」などと言われますが、どうしても気になってしまう性分は変えられません。

さて、そんなやっかいな性格ですが、これまたプラスに転じさせることができるのです。

「ちょっとした違和感」に気づき、トラブルを回避

気にしすぎるというのは、実は悪いことではありません。

私はよく相手の表情やしぐさを観察します。そして、そこで得た情報を営業の場面で使うようにしています。

以前、こんなことがありました。商談中のお客さまがなんとなく気が散っている様子だったので、

「何か気になることでもあるんですか?」

と聞いてみると、娘さんが熱を出して病院に行っているとのこと。私はすぐに商談を中断して病院に行くように勧めました。

後日、とても感謝されてお互いの関係性も深まりました。

また、ある初めてのお客さまと話をしているときに、ちょっとした言葉から「気難しそうな人だな」と感じました。なんとなくイヤな予感がしたので、私はあまり深入りをしませんでした。

すると後日、別の営業が会いに行って、さんざん振り回されたあげく最後はトラブルになってしまったとのこと。「あんな人とは二度と仕事をしたくない」とぼやいていました。

気にしすぎるということは、よく気がつくということです。

これからの時代の営業に求められるのは、マニュアル通りに動けるかどうかではなく、人への対応力です。小さな変化にも気づきやすい性質は、営業向きと言えるでしょう。

自分の習性を理解して、それを活かすことを意識してください。

きっとあなたの営業の強い味方になってくれます。

POINT

「人のことを気にしすぎる性格」は、営業の武器になる。

「聞くほうが得意」だから売れる

新入社員に求められる能力NO・1とは？

「企業は新入社員にどんな能力を求めるか」という調査があるのですが、ここ数年トップになっているのは「コミュニケーション能力」なのだそうです。

しかし、このコミュニケーション能力というものは、わかるようでよくわからない言葉です。

以前なら、

・明るく元気でしゃべりがうまい

・面白い話で人を笑わせるのが得意
・誰とでもすぐに仲良くなれる
といったものがコミュニケーション能力だと思われていたはずです。しかし、本当にそれがコミュニケーション能力と言えるのか。本書をここまで読んできた方なら、疑問に思うことでしょう。

私自身、かつては自分のコミュニケーション能力はゼロだと自覚していました。しかしいまでは、かなり高いほうだと思っています。能力が上がったわけではありませんが、コミュニケーションの解釈の仕方が変わったのです。

話すよりも聞くほうが圧倒的にラク

私はコミュニケーション能力を、「目の前の人から信頼される能力」と解釈しています。人から信頼されれば、ビジネスも人間関係もうまくいきます。営業もお客さまから信頼されることで売上につながりやすくなります。

では、「目の前の人から信頼される」にはどうしたらいいのか。その答えはたった一つです。それは「聞く」こと。

私はいくつかの経験から、饒舌《じょうぜつ》に話す人よりも、相手の話を受け止めてくれる人（聞いてくれる人）こそが売れる人だという確信を持つようになりました。そこで、対話の際には、相手の話を聞くことに100％意識を向けました。

もともと私は話すよりも聞くほうが得意、というよりも話すことがとにかく苦手だったので、聞くのはまったく苦になりませんでした。そして、自分の「聞き方」をどんどんブラッシュアップしていきました。

例えば、

・どんな質問をしたら気持ち良く答えてくれるのか？
・どうリアクションしたら心を開いてくれるのか？
・本音を話してもらうにはどう聞いたらいいのか？

単に話を聞くだけではダメで、話をきちんと理解してますよと伝えるリアクションをするまでが、「聞く」という行為です。

売れている営業を観察すると、必ずと言っていいほどリアクションが絶妙です。

相手の話をきちんと聞いていることを、言葉や態度で表現しています。

例えば、

・「それは大変でしたね」などと相手の気持ちに寄り添う

・「まさにおっしゃる通りです」と相手の意見を尊重する

・「なるほど、つまりこういうことですね」などのたとえ話で返す

など。

すると相手は、ますますしゃべってくれるようになります。

その結果、「この人は話しやすい人だな」「自分のことを理解してくれる」「信頼できる営業だな」とお客さまの心は変化していきます。

あなたも聞くほうが得意だとしたら、それを極めることが圧倒的に成功への近道です。

POINT

静かな人こそ「聞くコミュニケーション」を極めよう。

「付き合いが悪い」から売れる

断るのは後ろめたいけど行きたくない

私は高校生のときに少しだけバスケットボール部に入っていたことがあります。練習はハードで、終わるといつも水をがぶ飲みして気持ち悪くなっていました。先輩たちはそのあとラーメンを食べに行くのですが、私は誘われるたびに「気持ち悪くて食べられません」と断っていました。何度か断ると「おまえは付き合いが悪いな」と言われました。

そもそも部活が終わったあとまで人に気をつかいたくないというのが本音でした。さっさと帰って一人になりたかったのです。

社会人になってから、仕事帰りに先輩たちから飲みに誘われました。こちらは高校と違ってずっと付き合っていく人たちです。なので2回に1回くらいは行きました。もっとも、先輩たちは私のことを「付き合いの悪いヤツ」と思っていたことでしょう。

さて、営業の世界ではいまだに、「付き合いの良さこそが営業にとって重要なことだ」という考え方がはびこっているようです。

しかし、これはもはや幻想です。

どこの会社もコスト意識や透明性が求められているいま、「付き合いがあるから」というだけで仕事が発注されることはかなり減っています。

営業がお客さまを接待するという慣習も、度を超えると収賄になるので消えつつあります。会社の方針として接待や届け物は受けつけないというところもあります。

また、近年ではムリに付き合わせるのはハラスメントになりますし、コロナの影響もあって上司が部下を飲みに連れ回すことも減ったようです。

私としては好ましい環境になってきたと思っています。

本来の仕事で評価されることだけを考える

大事なのは、付き合いが悪いことを自覚して、それでも成果を出すことを考えること。他の人が休日にゴルフに行ったりして親睦を深めているのなら、自分はどうすべきか。同じことをやろうとしても効果は期待できません。

私の作戦は、「付き合いは悪いけど仕事はきちんとやる人」という印象を与えること。

以前、私が営業を教えていた人に、とっても内気な男性がいました。

当初、彼は「明るい営業のフリ」を頑張ってしていたのですが、根がそうではないためにすぐにバレてしまい、売れずに悩んでいました。昔の私とまったく同じです。

彼は内気すぎて、人の目を見て話すことも苦手でした。そこで私は彼に「おとなしい性格のままで営業に行きなさい。お客さまの目を見ないで下を向いて話しなさい」と指導しました。

最初のうちは彼も「いくらなんでもそれは……」と抵抗感を持っていましたが、私が何度も言うので、仕方なくやり始めました。

すると、お客さまからの紹介が増え始めて、最後はトップ営業になりました。

彼は内気ですから、当然、プライベートでのお客さまとの付き合いもありませんでした。それでも、どんどん紹介が舞い込むようになったのです。

彼が紹介されるときのお客さまの言葉がこれです。

「彼はおとなしいし営業らしくないいんだけど、仕事は真面目でいつもこちらを気づかってくれるから信頼できる」

そう、彼はプライベートの付き合いなどはまったくしない代わりに、誰よりもお客さまの立場に立って、できる限りの気づかいをすることに集中していたのです。

そして、**お客さまが困っていたらすぐに駆けつけ、相談に乗っていた**のです。その意味ではまさに「付き合いのいい人」だったのです。

付き合いが悪いことに後ろめたさを感じる必要はありません。堂々と仕事だけに集中すればいいのです。

POINT

付き合いは悪いけど仕事では信頼できる存在になる。

「断られるのが怖い」から売れる

営業は断られるのが仕事ってホント？

誰だってそうかもしれませんが、私も断られるのは大嫌いです。

私はリクルート時代に、営業だけでなく広告制作の仕事もやっていました。職種でいうとディレクターです。営業が受注してきた広告をかたちにしていく仕事ですが、コピーライターやデザイナー、フォトグラファー、イラストレーターなどさまざまな人に仕事を依頼する必要がありました。

しかし、売れっ子や人気のある人ほど仕事がたくさん集まるので、依頼を断られることが多かったのです。

それがイヤで仕方がない私は、まだ経験の浅いフォトグラファーなどによく頼んでいました。お願いしても断られないどころか喜ばれるので、気持ち的にもラクだったのです。

営業の場でも、商談の最後にお客さまの口から断りの言葉が出るのが怖くて、先に「よろしくご検討ください」と言って逃げてしまうこともよくありました。

実際に断られてしまうと、そのあと何も言えずにこれまたさっさと引き下がる。そして、あとあとまでショックを引きずる。

私のような内気で物静かなタイプの人は、そもそもお願いが苦手です。それは裏を返すと断られるのが怖いからとも言えます。

こんな性格は営業に向いていないのでしょうか。

いいえ、そんなことはありません。

断られるのがイヤなら、断られないようにすればいい。それだけのことです。

断られるどころか喜ばれるアプローチ

そもそもお客さまはどうして断るのかというと、営業側が断らざるを得ないことを求めているからです。

営業の都合だけで「会ってください」と言われたら普通は断ります。

「買ってください」と言われても不要なものなら当然断るでしょう。

お客さまだって好きで断っているわけではありません。人間誰しも人からの頼み事に対して断りたくはないのです。

そうだとしたら、お客さまの気持ちに寄りそう方法は一つ。断られるようなことを求めないことです。

お客さまが喜んで「ＹＥＳ」と言うのはどんな場合でしょうか?

それは「お願い」ではなく「問いかけ」です。

・あなたの利益につながる提案があるのですが、お時間取れますか?

・あなたが欲しがっていた情報があるので、持っていきましょうか?

・あなたが探していた商品が手に入りましたので、すぐにでもお申し込みいただけますよ。

いかがでしょう。これなら、無下に断られることもないのではないでしょうか。

さて、このような「問いかけ」をするためには、相手のことを知る必要があります。相手のことを知っているからこそ、「あなたの利益につながる」などと言いきることができるのです。

断られるのがイヤで仕方がない人は、まず、相手のことをよく知ることからスタートしてはどうでしょうか。

断られたくないのなら、断られないアプローチを選びましょう。

POINT

「お願い」だから断られる。「問いかけ」なら断られない。

「ほめるのが苦手」だから売れる

営業とお客さま、どっちが上位？

私は手放しでほめられるのは好きではありません。まあ滅多にないことですが、いかにもおだてる感じでほめてもらってもうれしくありませんよね。

同様に、むやみに人をほめるのも苦手です。

漫画などで描かれている象徴的な営業のシーンで、お客さまにゴマをすっているのを見かけますが、見るたびに心がザワザワします。

ドラマでも、お偉いさんを料亭で接待してお酌して帰りに手土産を持たせてタクシーに乗せて最後まで頭を下げて見送る……なんて場面はあまり見たくありません。

営業は「売りたい」という下心があると、どうしても相手に対して良い印象を与えたくなります。それがほめるとかヨイショする行動につながっています。

自分を下げてでも売れればいいと割り切っている人もいるでしょうが、私は抵抗を感じます。

どんな分野でもそうですが、商売や取引というのは対等の関係です。営業とお客さまの関係も商品やサービスとお金を物々交換しているだけです。

ところが、どうしてもお金のほうが価値が高いと思われがちで、お金を払う側のほうが偉くてサービスを提供する側がへりくだる場面がよくあります。人をほめるのが苦手というのも、そうした下心的な心理が働いているからだと思います。つまり、**ほめることに抵抗感があるというのは、正しいこと**なのです。

口先だけの営業は見透かされている

これは営業への抵抗感とも共通しているので、この際どちらも消してしまいましょう。

あなたの部下が作った資料がイマイチだったとき、もし気をつかって「よくできているね」とほめたとしたら、部下はそのレベルの資料でいいのだと思い込んでしまうでしょう。それはあなたにとっても、その部下にとってもいいことではありません。

さらに、いつも適当にほめてばかりいると、部下のほうも「この人は誰に対してもいい顔をしようとしているな」と感じるようになるでしょう。

そうではなく、本当にいい資料ができたときだけ「よくできているね」と評価の言葉を口に出すと、それが単なる口先だけでほめたのではなく、本心で言っていると感じてくれるはずです。実際に本心なのでこちらも抵抗感なく言えます。

営業も同じことです。

お客さまがつまらないダジャレを言ったとき、本当につまらなかったら、

「いまのはちょっとイマイチでしたね」

と本当の感想を言ってあげればいいのです。もちろん、やんわりと。

変に気をつかってウケたフリをしてしまうと、その後もつまらないダジャレに付き合わされることになります。

たまに本当に面白いことを言ったら心から笑ってあげればいい。

それだけで、この営業はちゃんと本音で話してくれる人だと思ってもらえます。

営業とお客さまとの関係は、別に特別なものではありません。単なる人と人との関係です。ご機嫌を取るようなことばかり言ってくる人とは、信頼して付き合いたいとは思いませんよね。

苦手だなと思ったらやめておきましょう。抵抗感があるのならその気持ちに素直に従いましょう。

心の内と言動がちぐはぐな人とは、心を開いて付き合おうとは思いません。

口先だけでほめたりしても、お客さまは見抜いています。

良いことも悪いことも、本音で話せる人になってください。

POINT

本音の営業にはお客さまも本音で返してくれる。

「迷惑をかけたくない」から売れる

営業に対するイメージがズレている人へ

私はこれまで多くの営業を教えてきました。多いのは企業の営業担当として働いている人ですが、中にはこれから起業するにあたって、営業を学びたいという人もいます。営業は未経験だけど、会社を辞めて自分でビジネスを始めたいという人です。

もともと私自身も会社員からコピーライターとして独立したのが始まりでした。

ただ、私の場合は営業経験があったうえでの独立だったので、営業への恐怖感はあまり大きくありませんでした。むしろ営業に自信があったからこそ、起業へ踏み切れたとも言えます。

ところが営業未経験の人の場合は、どうも「営業を避けてきた」というケースが多いようなのです。技術職とか事務職、または資格を取って士業として働いていた人などが多いのですが、意識的か無意識的かはともかく「営業のような仕事をしたくないので、手に職をつけることにした」というタイプが多いように見受けられます。

そして、だからこそ苦手意識があるのです。

彼らの営業への印象は、「大変な仕事」「人にムリにお願いする仕事」です。しかし、そうではないことはここまでの話でわかっていただいたかと思います。

「どうしたら迷惑にならないか」を考えるのは正しい

まずは、お客さまの迷惑も顧みずに、気合いと根性で売りに行くのが営業だなどというイメージを捨ててください。そう思っているから売ることに対して余計な力が入ってしまうのです。

私は営業へのイメージを変えただけで売れるようになりました。

誰にでも売り込んで隙あらば買ってもらおうと考えているうちは、お客さまは話も聞いてくれません。結果も出ないし、自分にも相手にもムリをさせている苦しい状態が続きました。

ところが、自分がムリをするのをやめて、お客さまに対してもムリなことを言わないようにしたとたん、売れ始めたのです。

いわば、売ろうとしなくなったら売れたという不思議な現象が起きました。

でも、それは理屈がわかれば不思議でもなんでもなく、当然のことだったのです。

営業とは、テクニックや気合いで売るものではありません。お客さまとの人間同士の信頼関係で自然に売れるものなのです。

そして最後に決めるのはお客さまです。お客さまの気持ちで商売は決まります。

ですから、相手に迷惑をかけるなどはもってのほかです。迷惑をかけたくないという気持ちを持っている人ほど、結果として売れています。

どうしたら迷惑にならないか、むしろ歓迎されて喜ばれるか？

その思考を持つこと。

あなたの扱っている商品・サービスを心から欲している人が世の中にいます。その人に知ってもらうだけ。その結果として喜んでお金を払ってくれる。これが営業です。お客さまは敵ではありません。腹を探り合う相手ではないのです。心地よい距離感を持ったコミュニケーションを取ることこそが、営業として頑張るべきポイントなのです。

POINT

自分にもお客さまにもムリのないスタイルだから売れる。

COLUMN

しゃべらないけど効果バツグンのリアクション

◆座ったままでシンプルに伝わる！

コロナ禍でマスクが当たり前になってしまうと、「静かな営業」にとっては困ったことが起こりました。それはリアクションです。

内向的な人はそもそもリアクションが薄い傾向があるのに、マスクで顔の半分が隠れてしまうと、どうしても気持ちが相手に伝わりにくくなってしまいます。

そこで、どんなときでも効果的に伝わるリアクションを二つ、お教えします。

①前に乗り出す

お客さまの話に興味を持ったときのリアクションです。

「その話面白そうですね」「とても興味があります」「もっと聞かせてください」……そ

んな気持ちを、身体を前に乗り出すことで伝えることができます。

もちろんそのときに「それでどうしたんですか!」「詳しく聞きたいです!」などの言葉と同時ならより効果が高いですが、動作だけでも伝わります。

それを見た相手は、より気持ち良く話してくれるでしょう。

②後ろにのけぞる

お客さまの話に驚いたときのリアクションです。

「それはすごいですね」「ビックリしました」「本当ですか!」……そんな気持ちは、身体を後ろにのけぞらせることで表現できます。

もちろん驚きの言葉を添えればなお効果的。自分の話にリアクションしてくれる相手には親近感を覚えるので、仕事もよりやりやすくなります。

リアルに会っている場でもオンラインでも使えるので、普段からリアクションが薄いと自覚している人は、ぜひ意識してやってみてください。

COLUMN

「売れない人の負のスパイラル」から脱却する方法

◆正しい六つのステップは循環している

営業の六つのステップ（P.112コラム参照）は、次ページの図のように循環図に置き換えるとわかりやすくなります。

売れる営業の流れは、一方向に流れていくのではなく、このようにループしているというのが正解です。

売れている人は、このループがきれいに回っています。いわば人体の血液循環図です。売れていない人は、どこかの血管がつまっていて、血の巡りが悪い状態だと思ってください。

この図を見ながら、売れない人のパターンを見てみましょう。

営業の6つのステップ

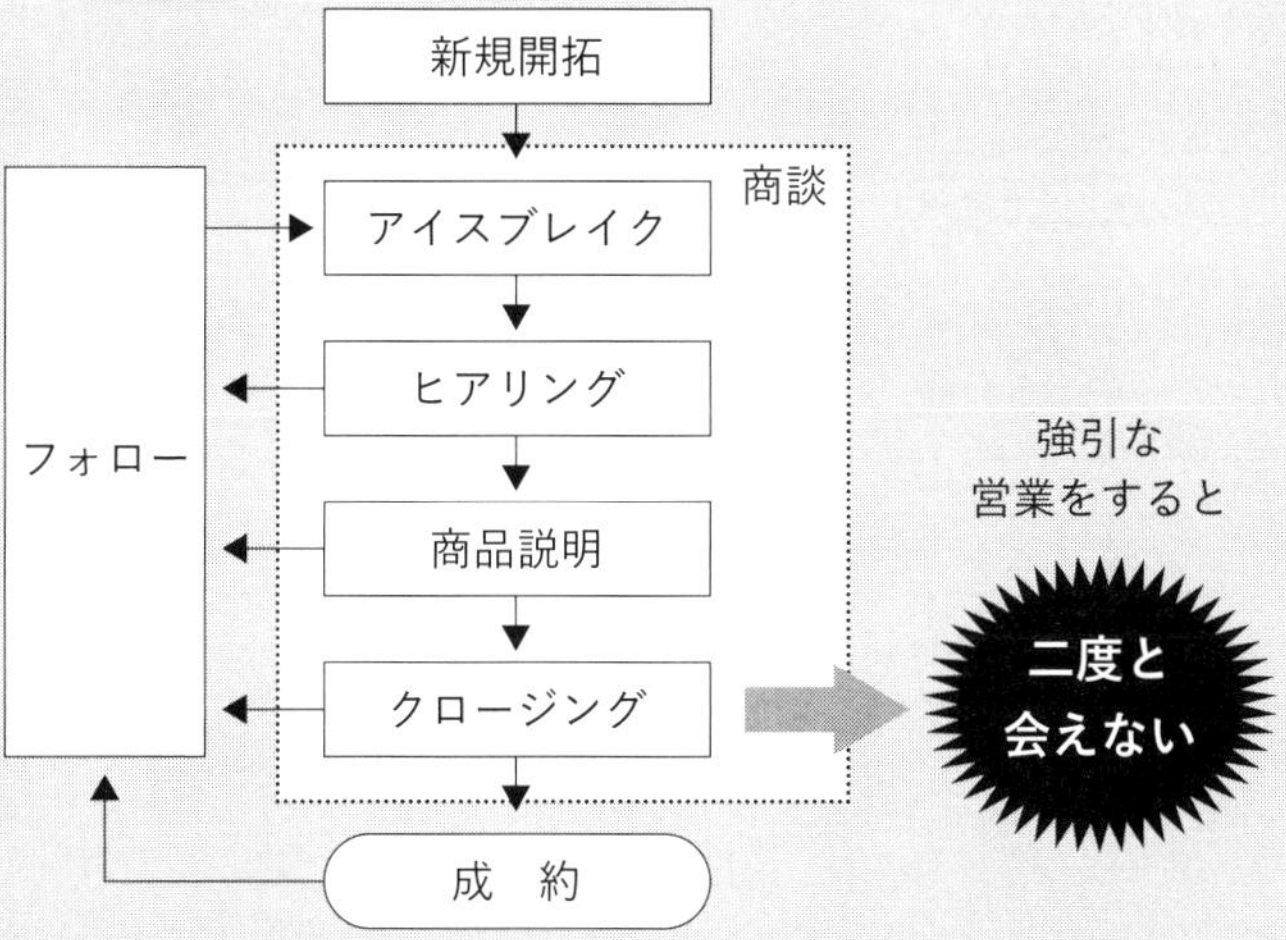

テレアポを毎日頑張って、やっとの思いでアポイントが取れたとします。

せっかく取れたアポなのでなんとかして成約したいと、商談もやる気満々で臨みます。売りたい気持ちが前面に出てしまって、お客さまは少々引き気味。でも、そんなことはお構いなしに商談を進めます。

途中まで話していて、本人も「売れそうにないな」と感じたとしても、商品説明、クロージングと最後までやってしまいます。その頃にはもう、お客さまはうんざりしています。そして、二度と会いたくないと思われて、そのまま縁が切れてしまう。

すると、行くところがないのでまた新規のテレアポからスタート。この繰り返し。

苦手なテレアポからいつまでも解放されず、せっかく会ってくれたお客さまからも嫌われてしまう。これが永遠に続く負のスパイラルです。

◆どんどんラクに売れる営業スタイルへ

一方で、営業活動を進めれば進めるほど、どんどん仕事がラクになっていく人もいます。その決め手は「フォロー」の部分。ラクに売れている人ほどこのフォロー客の数が多いのです。

ちなみにここでいうフォロー客とは、単に名刺を持っているだけの相手ではなく、お互いによく知っている間柄で、いつでも気軽に会える人のことを指します。

最初に会った際には買ってくれなかった人でも、その後ニーズが高まって、売れるようになることはしばしばあります。また、つながっていることで知人を紹介してもらえる可能性もあります。

つまり、買ってもらえなくても、こうしたフォロー客を増やすことが、営業の実績に直結するのです。

そもそも、新規でゼロからお客さまを探すよりも、知っている人からの紹介で新しい人と会うほうが圧倒的にラクですし、成約率も上がります。

自分がいまどちらのパターンで営業をしているかを、改めて見直してみてください。

どちらを選ぶのもあなたの自由ですが、「静かな営業」が目指すのがどちらのスタイルかは、言うまでもないことだと思います。

Chapter 5

第 5 章

生真面目すぎる
あなただから、
信頼される

Honest

静かな人、内向的な人の特徴の一つに「生真面目すぎる」というものがあります。

適当に流しておけばいいようなことが、どうもひっかかってしまう。

ほんのちょっとの「軽いウソ」すらつけない。

隠し事ができず、すぐに顔に出てしまう。

「融通が利かない人」という、ありがたくない評価を得てしまっている人もいるかもしれません。


しかし、「静かな営業」では、それが正解です。

生真面目すぎるくらいに生真面目なほうが、結局は、信頼される。

つまり、真面目であることを手放す必要などないのです。

逆に、普段の生活態度に適当なところがある人は、少なくとも営業の場では「生真面目すぎるくらいに生真面目に」振る舞ってみてください。

それだけで、お客さまのあなたを見る目が明らかに変わってくるはずです。

必要以上にしゃべる必要などありません。ただ、真面目に接する。

それが、営業のコツです。

「ウソがつけない」から売れる

生真面目な人は営業向き

営業のセミナーなどで、売れる秘訣を聞かれることがよくあります。

おそらく質問者は必殺のテクニックを期待しているのかもしれませんが、私の答えはいつもこれです。

「ウソをつかないこと」

小学生に言うようなことですが、実際のところ、ここに行き着きます。

そして営業にとって、ウソをつかないことはとても難しいのです。売りたいという気持ち（下心）があると、どうしてもマイナス要素を隠したくなるからです。

これは恋愛と似ているかもしれませんね。好かれたい気持ちが強いほど、自分の弱みを隠したくなるものですから。

もちろん完全にだまそうとは思っていないでしょうが、多少のごまかしや小さなウソは、つい口から出てしまいがちです。自信がないときや、確信が持てないときでも「たぶん大丈夫だと思います」などと言ってしまったりもします。

こうした**小さなウソに対して気持ちがザワつくとしたら、きっとあなたは、営業に向いています**。

他社の商品を勧めたら、むしろ評価が上がった

私もそうでした。少しでも自信がないことは言いたくなくて、そのせいもあって口数が少なくなったり、言葉がなかなか出なかったりします。

それは、自分の言葉をとても大事にしているからです。まあ、生真面目な半面、不器用な性格なのでしょう。

実際、営業としてごまかしができない性格で、しばしば損をしてきました。黙っていれば売れたところを、つい本当のことを言って売り逃してしまったり、お客さまの心配事に対して、反論して説得するよりも「確かに心配ですよね」と同意しただけで終わってしまったり。

ただ、実はそれこそが、営業の「正解」だったのです。

何度も言っていますが、営業の仕事は目の前の人に売ることだけではありません。むしろ、その後も正常な付き合いができるかどうかのほうが重要です。

半ばだまして売って信頼を損なうと、その後はありません。近い将来、気持ち良く買ってくれるかもしれない人とも縁が切れてしまいます。

「ウソをついて売るくらいなら、本当のことを言って売れないほうがいい」というのが正解なのです。

正確にヒアリングをしたうえで、このお客さまはうちの商品よりもライバル社の商品のほうが合っていると確信したら、ライバル社を勧めてください。

もちろんその場では売れませんが、正直な営業という情報は確実に伝わります。そして、信頼度がグンと上がるのです。

すると、紹介が発生したり、「この営業は信頼できる」などとＳＮＳで発信してもらえることもあるかもしれません。

そして何より、自分自身の満足感が高まります。**誰にとっても結局、ウソをつくことはストレスになる**からです。

営業は売るのが仕事ですが、ウソをついてまで売る仕事ではありません。売ること以上にお客さまから信頼されることを重視してください。

POINT

「小さなウソもつきたくない」……そういう営業こそ、信頼される。

「隠さない」から売れる

どんな商品にも「悪い点」はある

どんな商品やサービスにも、それぞれ良い点があります。何かしら良い点がなければ、そもそも商品として存在していません。こんなもの誰が買うのかと思える商品でも、一部の人に求められているからこそ、商売として成り立っています。

そして、これも当たり前の話ですが、どんな商品にも悪い点があります。

ライバル他社のものと比べて故障は少ないけれど価格は高い、味は保証できるけれど賞味期限は短い、などです。良い点と悪い点は表裏一体と言えるかもしれません。

さて、あなたなら、商品の良い点と悪い点、どちらを強調して伝えますか？

商品を売るときには、良い点を強調してメリットをアピールするのが基本と言えるでしょう。

ありがちなのは、商品パンフレットの表紙に大きくメリットを打ち出しながら、裏面の下のほうに小さな文字でデメリットになりそうな情報を載せるケース。不利になりそうなことは、目立たないようにしておくという発想です。

営業も同様で、売りたい気持ちが優先すると、どうしてもマイナス情報を隠したくなります。

お客さま：「どうして先に教えてくれなかったんだ」
営業：「ここにちゃんと書いてありましたよ」
お客さま：「そんなの見てないよ」
営業：「でもお伝えしたはずですが……」

こんなシーンをたまに見ます。**実際にはちゃんとマイナス情報も伝えていたのかもしれませんが、印象に残っていなければそれは伝えていないのと同じ**なのです。

マイナス情報こそ真っ先に伝えるべき理由

だからこそ、**マイナス情報こそ先に伝えてしまいましょう。**実はそのほうが好印象につながるからです。

家電売り場で、このようなやりとりを耳にしたことがあります。

営業：「この掃除機、実は年配の女性には不評なんです」

お客さま：「えっ、そうなの？」

営業：「はい、この持ち手の部分が少し太めになっていまして、握力の弱い方から握りにくいと言われたことがあります」

お客さま：「ふ〜ん、でもとくに握りにくくはないかな」

これを聞いて「うまいな」と思いました。最初にデメリットを伝えておけば、あとから「持ちにくい」と言われてクレームになることもありませんし、よりお客さまに合った商品を探すこともできます。

また、この例のようにお客さまが気にしないこともあるでしょう。その場合でも、お客さまの印象としては、「デメリットも隠さずに伝えてくれる感じの良い営業だな」となるのです。

気持ち良く買い物をした人は、また別の家電を買いに来てくれる可能性が高まります。一方、不満を抱えたままの人は、その店に二度と来てくれないかもしれませんし、下手をするとSNSなどで悪評を書かれてしまうかもしれません。

売る仕事はその場の売り買いだけで終わりではありません。**そのお客さまとの将来的な付き合い方までをイメージして、いま何をすべきかを考えて行動する**ものです。

だからこそ、悪い点も隠さず伝える。それも、堂々と。そして、判断を相手にゆだねる。その誠実な姿勢こそが、商品のデメリットをカバーしてくれるのです。

POINT

デメリットをあなたの正直さをアピールする手段にしよう。

「口が堅い」から売れる

その場の雰囲気で口を滑らせてはいけない

会社の仲間うちで飲みに行くと、そこにいない人のうわさ話になることがあります。まあ、その人をほめる話ならいいのですが、悪口大会になってしまうようなこともしばしばですよね。

こうした話が大好きな人もいますが、私も含め内向的な人は、素直に笑うことができないものです。

自分では何も言っていなくても、一緒にいるだけで罪悪感を覚えてしまいます。それに、「ここだけの話」と言いながら、**人の秘密まで暴露してしまう人は、自分のこともどこかで面白おかしく話しているんだろうなぁと疑ってしまいます**。すると、その人の前ではあまり余計なことは言わないようにしよう、という気になります。

ただ、こうした口の堅さというのは、営業にとって大きなメリットになります。

取引先でもうわさ話で相手を盛り上げるタイプの営業がいますが、その場は盛り上がっても、取引先の人は「この人は口が軽いんだろうな」と思ってしまう。すると、本音で話してくれなくなってしまうのです。

しゃべらないだけで信頼度アップ⁉

私の友人に、お客さまからの信頼がとても厚い人がいます。

仕事の相談を持ちかけられるのはもちろんですが、仕事以外のプライベートな悩みまで相談されるとのこと。別に彼のほうから「なんでも相談してください」などとアピールしているわけではないのに、お客さまのほうから「ちょっと相談があるんだけど」という声がかかるのだそうです。

そんな彼が唯一、心がけているのは、「他人のマイナスの話をしないこと」なのだそうです。たとえ業界の裏情報を知っていたとしても口に出すことはありません。人から話を振られても、「あまりそういう話には興味がありません」という態度で終始するそうです。

だからこそ、相手も「この人になら話しても大丈夫だ」という気持ちになるのです。

重要なのは、こうして相談してくる人には、経営トップや役職の高い人が多いということ。役職が上がれば上がるほど、他の社員には相談できない悩み事も多くなるようです。

ただ、彼はそれに対して**鋭いアドバイスをするわけでもなく、ただ単に聞き役になっているだけ**。お客さまは相談と言いながら、誰にも言えない話を聞いてくれる存在を求めているのでしょう。

口が堅いというのはそれだけで大きな信頼につながります。

言うまでもありませんが、経営トップや役職の高い人から信頼されればされるほど、大きな仕事が舞い込むことになります。

また、相談ばかりで仕事につながらない人の話も、彼はしっかり聞いて誠実に対応しています。そのブレない態度を見せることも信頼の証だからです。

結果としてビジネスも安定して年々業績を伸ばしています。

「他人のマイナス情報は絶対に口にしない」彼ですが、プラスの情報は伝えるそうです。

「○○さんは、部署が変わってやりがいができたと喜んでいましたよ」

「△△さんには、先日もお世話になったところです」

その場にいない人をほめること。これが正しいうわさ話の仕方ですよね。

POINT

人の悪口を言わないようにすると、お客さまが増える。

「遅刻を恐れている」から売れる

お客さまは顔で笑って心で怒っている

時間にルーズな人っていますよね。

待ち合わせをしていて約束の時刻に必ず遅刻してくる人。わざとやっているのかと思うくらいに、毎回遅刻してきます。

１００歩譲って、プライベートでの待ち合わせなら許せます。そういうキャラだと思えば腹も立ちません。

でも、ビジネスの場では絶対にＮＧです。

遅刻は相手の時間を奪う行為です。お客さまは仕事時間内で、わざわざ時間を割いて待ってくれています。それをこちらの都合でムダにしてしまうのは、非常に申し訳ないことです。

営業はあちこちのお客さまのところを回る忙しい仕事です。なかなか予定通りにいかないこともあるでしょう。時間が読めず「〇〇時頃にうかがいます」とあえて予定をぼかしている人もいるかもしれません。

それでも、絶対に時間は守るべきなのです。

お客さまによっては、

「大丈夫、待っていませんよ」

「こちらもいま来たところです」

などと、笑って許してくれるかもしれません。

でも内心では、

「この人はいつも遅刻してくるなあ」

「大きな仕事は任せられないな」

と、信頼度が急降下していると思っていたほうがいいでしょう。

それまでコツコツと積み上げてきた信頼度は、たった一度の不誠実な行動で一気に落ちてしまうものです。そこから再び上げるにはかなりの時間と労力が必要です。

その1秒の差が営業成績を大きく左右する

私は時間に遅れることを極端に恐れています。

そのため、訪問時には「電車が遅れる」「道路が混んでいる」「道に迷う」などといったあらゆるトラブルを想定し、行動するようにしています。当然、スムーズに行けるときが多いのですが、そのときは余った時間をどう使うかまで考えておきます。

私的には、時間前にお客さまのところへ到着して、受付をすませて応接室に入り、イスに座ったときに約束の5分前がベストだと考えています。

遅刻を恐れる一番の理由は、「遅れそう」という状況になると、極度に緊張してしまうからです。実際には間に合ったとしても、心臓が高鳴り、心に余裕がなくなり、観察力や傾聴力も下がってしまいます。このような状況で商談がうまくいった記憶がありません。それほど私にとっては、大きな問題なのです。

ポイントは「ギリギリ間に合った」をセーフとするかアウトとするか。私にとっては

それは「アウト」です。自分でも余裕がなくなりますし、お客さまから見ても余裕がな

い人と思われる可能性があるからです。

仕事で大切なことは信頼を得ることです。そのためには小さな約束を一つひとつこなしていくことが重要。「時間を守る」というのもまさに、そうした約束の一つ。**「この人はいつも時間より早めに来てくれる」という印象を与えられたら、それだけで信頼度を簡単に上げられる**のです。使わない手はありませんよね。

同様に納期を守ることなど、時間に関する約束事はとくに大事にしてください。売れている人ほど、そうした当たり前のことをきちんとやっているものです。

POINT

「絶対に遅刻をしない人」になるだけで信頼度アップ。

「むやみに笑わない」から売れる

あなたは「残念な笑顔」をしていませんか？

私は笑うことが苦手です。Ｚｏｏｍで面談しているときの自分の顔を見ると、笑顔が残念な感じで引きつっていることがよくあります。とくに写真を撮られるときにうまく笑顔を作れないのが悩みです。

一般的に営業というと、いつもにこやかにしているイメージがあります。

ただ、「営業スマイル」という言葉があまり良い意味で使われていないことからもわかるように、自分の本音を隠して表面だけ取り繕った笑顔は相手に見抜かれますし、評価されません。これもまた「残念な笑顔」です。

たまに用事があってカーディーラーに行くと、接客してくれる人がずっと笑顔で話しかけてきたりします。おそらく「笑顔で」ということがマニュアル化されているのでしょう。店内で行うことが多い営業活動の場合、常に他の誰かから見られているので、こうしたマニュアル通りの接客をする人が多いです。

ただ、彼の話を聞きながら、「いつまで笑顔でいるのだろう」とそっちにばかり気が取られて、話が頭に入ってこないこともありました。

笑顔で優しさや親しみやすさを表現しようとしているのでしょうが、とくにおかしくもないのに笑うのはやはり変です。つまり、**ずっと笑顔というのは、むしろ不自然なのです**。

そもそも、営業側が思っているほど、お客さまは営業と親しくなろうとは思っていません。むしろいまの時代、不自然さはかえって警戒されてしまいます。

なので私は「笑うな」と言っています。

ムリな笑顔を封印したら売れた！

実際にカーディーラーの営業を教えたことがありました。おとなしい男性です。聞けば、店長をはじめまわりの社員たちはみんな体育会系で、明るく元気に大きな声で接客することが半ば義務づけられていたそうです。

静かなタイプの彼も最初のうちは頑張って明るく振る舞おうとしていましたが、やはり不自然な笑顔になってしまい、売上にもつながりませんでした。

そこで私は、「笑顔を封印しなさい」と指示しました。

彼は最初は抵抗しましたが、ムリして笑顔を作ってもどうせ売れないのなら、一度試してみてもいいんじゃないかと言って、やってもらいました。

すると、徐々に効果が表れ始めました。お客さまの信頼度が目に見えて上がっていった、というのです。

ムリして笑顔を作って優しい営業を演じていたときは、何を言ってもまともに聞いてもらえなかったそうです。おそらく、下心が見え隠れしていたからでしょう。

笑顔をやめたことで、彼の本来の顔で接客できるようになりました。すると、**言葉と表情が一致します。それが、彼の言葉の信頼度を格段に高めた**のです。

「この人は本音でアドバイスしてくれている」「自分の要望をきちんと理解したうえで提案してくれた」「真面目で信用できそうだ」そんな印象になったのだと思います。

もちろん、自然と笑顔が出てくるのならいいのですが、**ムリして愛想笑いをするくらいだったら、笑顔など封印したほうがいい**のです。私のように、作り笑顔に拒否反応を示す人もいます。

そして、営業として本来やるべきことだけに意識を向ける。それが一番いいのです。

実際に売れたあと、「いい車が手に入って良かったよ」と喜んでいるお客さまに対して、彼は少しはにかみながら自然の笑顔を向けていました。

売るための笑顔ではなく、お客さまに喜んでもらえた笑顔です。

営業が笑う場面はこれだけでいいのです。

POINT

ムリに笑うより真顔のほうが、信頼感を与えられることもある。

「下心を持たない」から売れる

なぜ、もっと早く相談に来なかったのか……

私のところには、さまざまな営業の相談が来ます。

でもときどき「どうしてもっと早く相談してこなかったのか」と思うことがあります。

先日も、こんな人が来ました。

「あと3カ月以内にノルマを達成しないとクビになる」

「そうなったら家族を養っていけない。なんとかお願いできないか」

まるで救急患者のように切羽詰まった状態です。

私はかつてはトップセールスであり、いまは営業の方法を教えており、そのメソッドには自信を持っています。でも、それによって短期間で間違いなく成果を出せるかというと、100%の自信はありません。

長期ならともかく、「営業はこうすればいますぐ絶対に売れる」というセオリーなどないからです。

そもそも、商品にもよります。じっくり時間をかけて検討してもらい、半年から1年かけて売れる性質の商品だとしたら、当然ながら3カ月で結果を出すにはムリがあります。

なので、私はいつも「切羽詰まってしまう前に、相談に来てね」と言ってはいるのですが……それでもなんとかしたいという人には、次のようなアドバイスをします。

「今月と来月の売上は捨てなさい。3カ月目に売ることだけを考えて行動しなさい。それでダメならどうせクビです。でも転職先ですぐに成果を出せるように、この3カ月で営業力を身につけることを重視しなさい」

最初の2カ月は売らない。最後の1カ月にかける

すぐに売上を出すためには、いわゆる「ムリな売り込み」が必要になります。でも、それではお客さまとの信頼関係を損なうことになります。万一、3カ月でなんとか目標をクリアできたとしても、その後はさらに苦しくなるだけです。

だとしたら、**最初の2カ月間は売上よりもお客さまとの信頼関係を深めることに注力する。そして、最後の月で売れる可能性を高める**という考え方です。

「達成できなければ転職すればいい」というのは無責任な発言に思われるかもしれませんが、そもそも頑張っているのに成果が出ないのは、能力の問題というよりも、その会社のやり方と当人のスタイルが合っていないだけの可能性が高いです。

バリバリの体育会系の会社は、どう考えても「静かな人」「穏やかな人」には合っていないと言えるでしょう。私もこうした会社に入り、すべてをマニュアル通りにやれと強要されたら、結果を出せる自信はありません。

自分に合った会社に転職したら、楽々と売れるようになったというケースはいくらで

もあります。だからこそ、転職も視野に入れながら、目の前の仕事を通して自身の営業力を高める行動を取る。それでいいのです。

そしてもう一つ大事なのは、「お客さまから信頼される」ことだけを意識すると、「売らなくちゃ」という下心が消えていくこと。実はその状態こそが、売れる営業が普段からやっていることなのです。

もちろん営業ですから売りたい気持ちは消せないでしょう。でもそれは最後にお客さまが決めることです。それまでは、売りたい下心は封印して、目の前のお客さまに信頼される存在になることだけを意識しましょう。

それができたら、意外なくらい簡単に売れるようになります。

POINT

信頼される営業を目指せばどんどんラクに売れる。

COLUMN

メールには必ずひと言添えよう

◆仕事の用件だけではもったいない

お客さまとのやり取りにおいて、一番多いのはメールでしょう。

でも仕事の連絡だからといって、用件だけですましていたとしたら、それはとてももったいないことです。

私がいつも心がけているのは、仕事以外のちょっとしたひと言です。

「先ほど教えていただいた本、さっそく購入しました。読むのが楽しみです」

「以前、お話しされていたラーメン屋さんに、昨日行ってきました。絶品でした。一緒に行った妻もまた食べたいと喜んでいました。教えていただきありがとうございました」

「プロフィールを拝見しました。実は私も釣りが趣味でして、今度ぜひ釣り談義ができたらと思っています。よろしくお願いします」

こんな感じで、相手とのやりとりを添えるだけで、親近感がぐっと高まります。その後の仕事のやり取りもスムーズになります。

コツは、仕事以外の共通の話題を使うことです。

一度でも面識がある人でしたら、会ったときの会話の中身や印象などが使えます。初対面の相手なら、ネットやSNSなどを検索してみて、そのネタを使うのも手です。

さらに、このようにひと言添えるメールを出すと、返事が来やすくなりますよ。

ぜひ、意識して使ってみてください。

COLUMN

金融商品ほど「紹介営業」にシフトしよう

◆テレアポ・飛び込みなんてやらなくていい？

私のクライアントには、金融系の営業が多くいます。証券、銀行、保険、損保など、一通りの業種は網羅しています。私が過去に営業を教えた人の数でも、保険業界の人が一番多いです。

単純に営業の人数が多いこともありますが、この業界に売れずに悩んでいる人の数が多いということもあると思います。

とくに彼らが悩んでいるのは、新規開拓です。新しいお客さまをいかに見つけるかでいつも苦労しています。

それはそうでしょう。お金というのは自分の人生と同じくらいに大切なものです。また、お金に絡んだ詐欺も横行しているので、お客さま側の警戒心も強くなっているという理由もありそうです。

そんな中、いきなり電話をしてもなかなか聞いてくれませんし、飛び込み営業をしても会ってくれません。扱っているのがどんなにまっとうな商品だとしても、最初は警戒されるのは当然と言えば当然のことです。

それでも新人にはまだお客さまもいないので、ゼロから開拓せざるを得ません。そこで挫折してしまう人も世の中には大勢います。

だからこそ、私が教える場合の基本スタンスは、いかに「紹介」をもらうかに絞っています。知らない人に声をかける方法は取りません。ムダが大きいからです。

他の商材なら100件電話すれば数件のアポが取れるところを、金融商品の場合はその確率が明らかに落ちます。

労力を使うわりには成果に結びつかないことが多いので、飛び込み、テレアポなどは考えないようにします。

◆高額商品ほど「売り込まない」ことが大事

新規のお客さまは紹介でしか会えないものだと決めてしまいます。すると、どうしたら紹介が発生するかを真剣に考えるようになります。

では、紹介してもらえる営業とは、どんな人なのか。

・自分の儲けよりも、お客さまのことを親身になって考えてくれる人
・困ったときに駆けつけてくれる人
・紹介した人に喜ばれる人（紹介したかいがある人）

こんな感じでしょうか。自分を振り返ってみたときに、そんな存在になることを意識しているかどうかです。

では、そうなるためには、どのような営業スタイルを取ればいいのか。

・売り込むスタイルをやめる
・一方的な説明をしないようにする

・目の前の人との信頼関係を築くことを考える

そう、これはここまで紹介してきた「静かな営業」そのものです。

営業を始めたばかりの人は「最初は新規開拓、それから紹介営業に」と考える人が多いと思います。しかし、金融商品をはじめ、家やクルマなどの高額商品になればなるほど、新規開拓の効率は下がります。

ならば最初から割り切って「紹介営業」に特化すべきというのが、私の考えです。

それにそもそも、内向的な人にとって、飛び込み営業や新規開拓というのは、苦痛以外の何物でもないはず。だったらそんなことはもう、やめてしまえばいいのです。

Chapter 6

第 6 章

「静かに売る」ことだけを考えれば、売れる

Natural

さて、本書も最後の章になりました。

「静かな人」「おとなしい人」「控えめな人」は営業には向いていない。そんなイメージが変わってきたとしたら、幸いです。

とくに営業未経験の人は、「営業とは特殊な仕事」「営業は難しい」と感じている人が多いように思います。

しかし、営業や販売というのは、何も特殊な仕事ではありません。特別な技能やトークが必要なものでもありません。単なる「人付き合い」です。

ただ、そんな普通の人付き合いこそ苦手だ、という人もいるでしょう。

ここでちょっと、肩の力を抜いて、考えてみてください。

あなたが人と付き合うときに、重視するのはどんなことですか？

私は、その人が信頼できるかどうかです。

そして付き合いたいと思ったら、今度は自分を信頼してもらいたいと思います。

トーク力や笑顔などではありません、あくまで「信頼される」ことだけを目指せばいいのです。

そして、「静かな人」「控えめな人」は、人に信頼されやすいという資質を、実は最初から持っているのです。

人に信頼されるために欠かせないものを、この章でお話しします。

#「背伸びをしない」から売れる

人付き合いを難しくしていたのは自分だった

いまでこそ、こうして本を書いたり講演で話をしたりしていますが、私は40年近く、自分を偽って生きてきました。できもしないのに目いっぱい背伸びしていました。

カッコ悪い自分をなんとかカッコ良く見せようとしていたのです。

ボロを出すまいと、いつも緊張していました。人に対しても本当の自分を知られたら嫌われると思って、気を許すことがありませんでした。

自分がコミュニケーション下手なのは、無口な性格のせいだと思っていましたが、実際には違いました。私がいつも背伸びしていたからでした。

人は誰でも他人より劣っているところが気になります。だから、それを克服しようとしたり、隠そうとしたり、見ないふりをしたりとさまざまな手を打ちます。

でも、何をやっても解決しません。次々に気になる欠点が見えてくるからです。まるでもぐらたたきのように、永遠に出てくる自分の中の課題。人から見るとちっぽけなものでしたが、私としてはとても大きな課題でした。

自分を偽りながらこれからずっと生きていくのかと想像したときに、もういい加減にイヤになりました。

そこで、中を見られないように頑張って押さえていた扉から、手を離したのです。秘密にしていた部屋を見られて軽蔑されたらそれまでのこと。どうせいままでだって人と仲良くなれなかったのだし、同じことだと開き直りました。

もちろん素の自分を出すときは勇気が要りました。

これまで隠すことが当たり前の生活だったので、自分でもどんな顔をしたらいいのかわかりません。

ただ、そんなふうに**素の自分をさらけ出して戸惑っていると、まわりの人から声をかけてきてくれました。**

しかも、いままでよりも近づいてきてくれたのがわかります。

それまでの人生では味わったことがない感覚でした。

もともとは人に嫌われたくない思いから自分を偽っていたのですが、素の自分を見せると逆にまわりの人は好意的になってくれました。私が求めていた人付き合いは、実は簡単に手に入るものだったのです。

「素の自分でいること」だけでいい

営業の本なのに、なぜこんな話をするかというと、そこには密接な関係があるからです。

売れる営業になるためには、壁を乗り越えなければなりません。

その壁こそが、「素の自分でいる」ことなのです。

お客さまとの信頼関係を築くことは、自分を偽っているうちは不可能です。

営業らしく振る舞おうとすることで、自分らしさが消されてしまっている。だから売れないという真実。人より劣っているからでもなければ、欠点があるからでもありません。

単に、カッコつけて背伸びしているから売れない。ただそれだけです。

大事なことは、素の状態でお客さまと会うことです。

人は、平常心でいるときにこそ、最大のパフォーマンスを発揮できます。

等身大の自分のままで営業に行ってみてください。

お客さまとの会話がいままでにないくらいスムーズになるはずです。

POINT

等身大でいることが、営業のパフォーマンスを引き上げる。

「コンプレックス」を持っているから売れる

人に言えない欠点を持っていますか？

「内向型」というワードは、いまでは私を象徴する言葉になっています。著書のタイトルにもなっており、私も自分から積極的に使っています。

でも少し前までは違っていました。大嫌いで口にしたくもない言葉でした。

内向型の性格は私の最大のコンプレックスだったからです。人に気づかれないように、わざと明るく振る舞っていたくらいです。

そんな私が、編集者からの強い勧めで営業の本を書くことになりました。

最初は営業に関する一般論を書いていたのですが、どうしても説得力が足りません。そこで、私自身が超内向型にもかかわらず、トップ営業になれたという経験をベースにしようということになったのです。かなりの葛藤はありましたが、最後は私も納得しました。

これまで隠してきた自分の欠点を、本に書いて発表してしまったのです。

せっかく完成した本ですが、私は、その本が書店に並ぶのを密かに恐れていました。自分の恥を世間にさらすことになるのではないか。これを見た知人が、私の本性を知って白い目で見るんじゃないか……。

ところが、この本が私の人生を180度変えてくれたのです。

読者からは「自分も同じだ」という共感の声がたくさん届きました。自分を受け入れてもらえたことでホッとするとともに、世の中にはこれほどたくさん、内向型であることに悩んでいる人がいることを知りました。知人からもバカにされるどころか、より関係が深まりました。

いつしか、内向型が私の代名詞になりました。

そこで学んだのは、**「コンプレックスは武器になる」**ということです。

苦手なことは「個性」

人はそれぞれ悩みやコンプレックスを抱えていると思います。

そしてそれは、他人との比較によって感じるものです。まわりの人よりも劣っている（と感じている）部分がコンプレックスとなっています。

もし誰とも比較しなければ、単なる特徴ですむことです。

ここがポイントです。

人間誰しも他人とは違います。得意なこともあれば苦手なこともあります。そしてそれは優劣ではなくて「単なる違い」にすぎません。

言い換えると「個性」です。

私の超内向型というのは、他の人との違いなだけで、私の個性だったのです。

そして、考え方を変えるだけで、内向型であることは、他の人が持っていない独自の武器になりました。

営業コンサルタントをやっている同業他者はたくさんいますが、その中で内向型という個性を持っている人はごくわずかです。もともと営業が得意な人は、社交的で明るいタイプが主流ですからね。

それだけで際立つことができたのです。

コンプレックスが大きいほど、ギャップが強烈になる

また、ギャップをうまく使うことで、自分を印象づけることもできます。

「内向型」と「営業」というのは、イメージとしては反意語に近いものがあります。これがギャップです。反対の意味を組み合わせることで強いインパクトと独自性を打ち出すことができるのです。

例えば、
・「口下手」と「講師」
・「理系」と「営業」

・「おたく」と「恋愛カウンセラー」

など、コンプレックスが強烈であればあるほどギャップが大きくなって、個性が輝きます。

ちなみに私は「サイレントセールストレーナー」を名乗っていますが、これもまさに「ギャップ」です。

日本語に直すと、「静かな営業」（本書のタイトルですね）。営業とは明るく元気良く行うものだ、という常識があるからこそ、そこにギャップが生まれます。

あなたにも、コンプレックスがあるかと思います。でも、それをさらけ出して、武器にするという発想で見直してみるのはいかがでしょうか。

カミングアウトで、会話の場が穏やかに

「私は話すのが苦手なのです」とカミングアウトすると、相手はそんなあなたに「正直で誠実な人だ」という印象を抱いてくれるかもしれません。あるいは、自分自身も同じ

悩みを抱えていたら、強い共感を持ってくれるはずです。

「笑顔が苦手なんです」とカミングアウトすれば、相手もムリに笑顔を作ることはなくなるでしょう。それによって、会話の場が穏やかになり、素直に打ち解けられる関係性に変わります。

さらに「実は営業が苦手なんです」と言ってしまってもいいかもしれません。それが事実でしたらね。「ちょっと変わった人だな」「他の営業とは違うみたいだな」などと興味を持って接してくれたりします。

コンプレックスを隠しておくのは、実はもったいないことなんですよ。

POINT

コンプレックスを表に出せば強力な武器に変わる。

「人付き合いが苦手」だから売れる

他人の土俵では戦わないほうがいい

人付き合いが苦手だった私は、営業になれば強制的に人と話をすることになるので、少しはまともな社会人になれるだろうと思っていました。

頑張って人に話しかける。誘われたら断らない。楽しくはなかったですがこれも「修行」のためだと我慢して続けていました。

でも、人付き合いを「頑張っている」私と、気軽に付き合ってくれる人なんていませんん。当然です。ずっと緊張しているヤツと一緒にいたら疲れますからね。

いい加減、認める必要がありました。自分は人付き合いが苦手なんだ、と。

それを決定的に自覚した出来事がありました。

営業コンサル業を始めたばかりの頃、知人に誘われて飲み会に参加しました。知らない人ばかり20名ほどいたでしょうか。頑張ってまわりの人と話をして、二次会のカラオケにもついていきました。

そのときの私には下心しかありませんでした。ここにいる人と仲良くなって、自分のお客さんになってもらうことです。

でも、みんなが盛り上がっている中で、私は深い孤独を味わっていました。まわりのノリについていけないうえに、声が小さいので隣の人と満足に会話すらできなかったのです。

仕方なく静かに座っていました。一応は手拍子をして楽しんでいる風を装いながら。あまりのいたたまれなさに、来たことを激しく後悔しました。

ここは自分の来るべき場所ではなかったんだ。ここにいてもアピールできないどころか、マイナスイメージにしかならない。そう悟り、私は途中で帰りました。

己を知る良い経験でした。

自分の得意なジャンルだけで勝負する

このときを境にして、私の戦略が固まったのです。

それは、「**人になるべく会わずに自分をアピールする**」という作戦です。

具体的には、文章を書くことで読んでもらった人に共感してもらい、お客さまになってもらうこと。そうすれば自分のことをよく知っている人が来てくれる。ゼロから関係性を構築しなくてもすむ。

私はしゃべるのは苦手だけど、読み書きは比較的得意。だったらそれを活かせばいい。そう考えました。

当時はまだ、SNSがいまのように発達していなかったので、文章を発表する場はメールマガジンやブログ、書籍などが中心でした。

文章を書くのは時間がかかります。本1冊となるとなおさらです。

ただ、私はぶれませんでした。飲みに誘われても、知らない人が半数以上いる場には行きませんし、当然カラオケは最初からパスします。言い訳せずにスパッと断れる自分をほめてあげました。

その代わりに、文章を書くことで自分に共感してくれる人を見つけ、その人と静かに話すことを自分の戦略としました。**大勢の人がいる場ではなく、ひそひそ話ができる場所こそが、「静かな営業」の土俵**なのです。

いまはSNSが発達したことで、自分の文章を発表する場は格段に増えました。「人と会う」ことが苦手な人が、これを活かさない手はありません。

もちろん、文章を書くことだけが解決策ではありません。いまは顔出ししなくてもコミュニケーションが取れる手段がたくさんあります。

要するに、苦手なことに手を出さず、自分に合った方法を見つけること。それだけでいいのです。

POINT

直接人と接するのが苦手なら、別の手段で接すればいい。

「売ろうとしない」から売れる

営業の極意は売らないことにある

私の好きな漫画に『巨人の星』があります。小学生の頃に何度も読んでいました。

その中に、こんなシーンがあります。ピッチャーとして悩んでいた主人公の星飛雄馬《ひゅうま》が、お寺で座禅の修行をしているときに、和尚《おしょう》さんがこのようなセリフを口にするのです。

「打たれまいとするほど身体に力が入ってしまうもの。打たれてもいい、いや一歩進んで打たれようと思ったときに、心と身体のバランスが良くなるのだ」

飛雄馬は座禅を組んでいるときに身体が動いてしまい、何度も和尚さんに叩かれていました。そんな飛雄馬に発したひと言です。

いま、思い返してみると、「これはまさに営業にも同じことが言えるなあ」と思います。

「売りたいと思うほど、余計な力が入って売れないもの。**売れなくてもいい、いや一歩進んで売らない！と思ったときに売れるのだ**」

これは私がたどり着いた営業の境地です。私が営業を教えている人たちには、このことを繰り返し言っています。

ただ、必死で売りたいと思っている人には、なんのことだかわからないかもしれません。具体例でお話ししましょう。

「売らない」に全集中してみたら、なぜか売れた

リクルートでの営業時代のこと。何度もアプローチしてようやくアポが取れた社長が

いました。一代で会社を立ち上げて大きく成長させていた人です。

私は求人広告の営業をしていたので、当然、目的は広告の注文をもらうことです。

でも、当時の私はそれ以上に、「とにかく社長の話が聞きたい」と思っていました。

自分も将来独立できたらいいなとぼんやり考えていたということもありますが、それ以上に「自分の品定めをしたい」という思いがあったのです。

自分は営業として、どの程度通用するのか。一代で会社を大きくした社長に、自分は認めてもらうことができるのか。そこで、その日のゴールイメージを「この社長に一目置かれる存在になる」と決めました。

そして、その会社に着いたとき、改めて自分にこう言い聞かせました。

「今日は売らない」

営業としてついつい下心が出て、売りに走ってしまうかもしれない。そんな自分を戒《いまし》めるためでした。

結果、面白いように会話は弾みました。しかも、期待をしていなかった注文をもらうこともできたのです。

ただ、私としては売れたことよりも、自分を認めてもらえたうれしさのほうが断然勝っていました。

では、なぜ売らないと決めていたのに、売れたのか？

私は商品を売りに行ったのではなく、自分を試しに行ったのでした。この社長に認めてもらうことだけに集中していたのです。

とはいえ、自分を売り込もうとも思いませんでした。ただ、社長の言葉に全集中です。そしてどんなリアクションをすれば一目置いてもらえるかだけを考えていました。なので社長も気持ち良く話せたのだと思います。

とくに企業の社長ともなれば、たくさんの営業を見てきています。そこで小手先のトークを駆使しても、すぐに見透かされます。

そんなときは「売らない」を試してみるのも一つの手です。

POINT

すごい人、偉い人にはあえて「売らない」と決めて訪問してみよう。

「結果にこだわらない」から売れる

「売れたかどうかだけ」の評価の問題点

営業は常に結果を求められる仕事です。

もちろん、他の仕事も結果が求められるのは同じです。ただ、営業の特徴は、結果が数字としてわかりやすく出てしまうところです。

売れたかどうかが、個数や金額という明快な数字で表されます。営業同士でも誰が売れていて誰が売れていないのかは一目瞭然です。

これは大変なことではありますが、私のような「静かな人」「控えめな人」にとっては、結果さえ出せば認めてもらえるというメリットもあります。どんなに上司のご機嫌を取ったところで、評価は出た数字がすべてです。

一方で、マイナス面もあります。それは、結果のみにフォーカスしがちなところです。

「とにかく売れ！」「月末までに売ってこい！」「売れるまで帰ってくるな！」

上司の指示は「売る」ことだけ。

それを毎日聞かされている営業も、とにかく売ることだけを意識して営業するようになります。

売れた理由を説明できますか？

そんな人に、私が定番で聞く質問があります。

「売れた理由を説明してください」

この質問をすると、たいていの人は頭に「？」が浮かびます。

あなたも、直近で売れたときのことを思い出してください。その売れた理由を説明できますか？

多くの営業は、売れたという結果だけに満足してしまい、なぜ売れたのかを振り返ることをしていません。それよりも、次を売ることに意識が向いてしまいます。

あるいは、売れなかった反省をすることはあります。それも大事ではありますが、**本当にすべきなのはむしろ「売れた理由を振り返ること」**なのです。

理由を言えるようになるとどうなるかというと、売れるパターンや流れを再現しやすくなるのです。

例えば、売れた理由を考えていない人の答えは、

「会社をまわっていたら、たまたま社長がいたので話ができて売れました」

こんな感じです。

一方、売れた理由をいつも振り返っている人の答えはこうです。

「受付の人にチラシを見せながら少し雑談をしていたんです。そうしたら、いまなら社長は暇そうにしているよと教えてくれました。そこで会わせてもらえて、お話をしたところ契約をもらいました」

前者も後者も「たまたま社長に会えた」ことが成功の理由です。しかし、後者の場合は**「受付の人と雑談をすると社長と会わせてもらえやすい」という情報が盛り込まれています。これが再現性です。**

どうやって売れたのかをプロセスで振り返ることによって、その成功パターンが再現しやすくなるのです（↓P.112コラム参照）。

日頃から、売れた理由を振り返るクセをつけておいてください。

あなたが上司なら、部下にプロセスを聞くようにしてください。

安定して売れる状態が作れますよ。

POINT

「売れたら次」ではなく、「売れた理由」を考えてみよう。

「ラクな道を選ぶ」から売れる

頑張っても成果が出ないときの残念な思考

これは日本人特有のものかもしれませんが、頑張ることや苦労することを美徳のようにとらえているふしがあります。

営業現場でもときどき、**成果を出すことよりも、頑張ることを優先しているような光景を目にします。**

「頑張っているなら、必ずしも売れなくていい」

「結果はどうあれ、頑張っていることを評価しよう」

「彼は夜遅くまで働いて、よくやっている」


このようなことを言う会社や上司は一見、優しいようですが、こうした風潮が「頑張れば結果は出なくてもいい」という甘えを助長します。

中には「今月は目標に到達するのはムリだから、せめて頑張っているフリをしておこう」という人も現れます。

本書の最後に、この「頑張る」という行為に疑問を投げかけたいと思います。

売れないとどんどんネガティブになっていく

私がセミナーなどでいつも伝えているのは、頑張っていてもなかなか成果が出ないときの思考パターンの問題です。

自分はダメなんだ。もっと頑張らないとダメなんだ。

↓まわりと比べて自分だけ能力が劣っているようだ。

↓そもそも自分は営業に向いてないらしい。あきらめたほうがいいかな。

自分なりに頑張っていても売れない状態が続くと、どんどんネガティブな思考になっていきます。そして最後には営業をあきらめてしまう。

それはとてももったいないと、私は思っています。

「自分に合わない営業スタイル」の押しつけ

これまでに私は多くの「売れない」営業を見てきましたが、みな、ごく普通の人ばかりでした。

彼ら彼女らはみんな普通に会話ができますし、頭の回転が遅いとか、しゃべり方が下手すぎるといったこともありません。つまり、個人の能力が劣っているわけではないのです。

では、なぜ売れないのか。

その本当の理由は、「自分に合わない営業スタイル」を強要されているから。売れない営業のほとんどのケースがそれでした。

・常に明るく元気な接客を強要されている
・「電話ではもっと抑揚をつけて感情を込めろ」と言われる
・毎朝大きな声で、その日の行動目標を言わされる

どれも静かな人、控えめな人にはキツイことばかりです。

このようなことを求める会社に限って、営業は決められたマニュアル通りにやるのが当然だと考え、「頑張る」ことを強要しがちです。そして、一人ひとりの個性やタイプを無視して、全員に同じことを求める。

タイプの合わない人が、それを頑張ってやろうとしてもうまくできませんし、時間と労力をかけるわりには結果も期待できません。

自分の歩き方で進む。それが本来の営業スタイル

本来の営業は違います。**その人に合ったやり方でゴールを目指すべき**なのです。

会社の人たちと同じルートをたどる必要はありません。マニュアルがあるからといって、その通りに歩かなければいけないかというと違います。

自分だけの歩き方で行けばいいんです。頑張らなくても行けるルートがあるはずです。

まずは己を知ること。何が得意で何が不得意なのか。

そのうえで自分に合ったゴールまでのルートを見つけること。

それを試しながら改善していく。そうすればたいていはうまくいきます。

仕事だから、営業だから苦労しなければいけないということはありません。

実際に、私が教えた営業の人たちは、独自の営業スタイルでラクに目標を達成していいます。

自分にとってラクに歩ける道を選べばいいのです。

そして、それが自分にとっても上司にとっても会社にとっても良いことなのです。

私のような超コミュ障の人間でも、売れるようになったのですから、たいていの人は売れる営業になれます。あきらめずに、自分なりの営業スタイルを見つけてください。

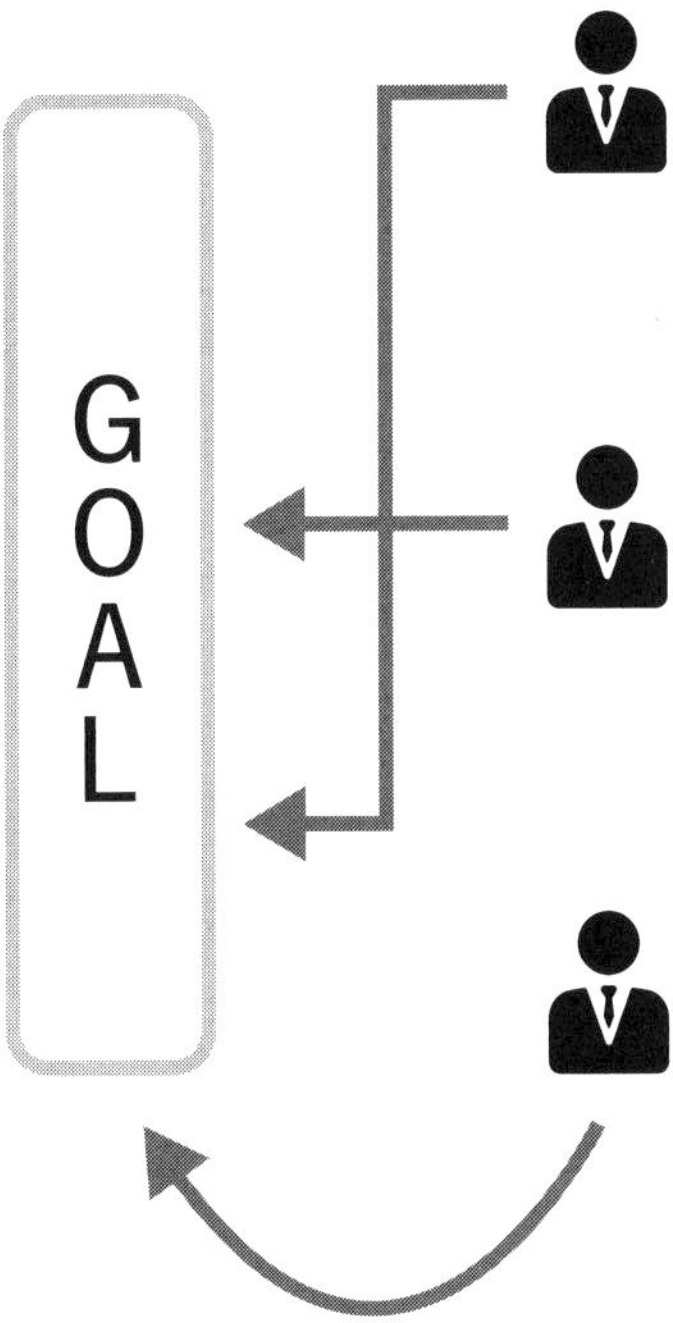

POINT

自分に合った営業をすれば、誰でも売れる営業になれる。

COLUMN

個人事業主は「営業しない」ことを考えるべき

◆一番大事なことを間違えていませんか？

一つ前のコラムでは「金融業界」の営業のコツを紹介しました。

それに対して、最近増えているのが「個人事業主」の方からの相談です。

エンジニアや専門職の人が近い将来独立してビジネスを立ち上げるために、営業の方法を学ぼうというのです。私も同じように独立した人間ですから、ぜひ応援したいと思います。

こういった人の多くが、いままで営業を経験したことがありません。そもそも営業をやりたくなかったから手に職をつけたという人もいます。

そのため、営業に対して過度な恐れを持っている人が多いのです。

一番多いのが、独立したらテレアポや飛び込み営業をやらなくてはならない、という思い込みです。

営業はすべて過酷な作業をやらなければいけないという先入観からくるのでしょう。当人は真剣ですが、私は「本当にそれって必要ですか?」と、考え方を変えてもらいます。

例えば、カウンセラーの仕事の流れを見てみましょう。

1　お客さまを見つける（新規開拓）
2　カウンセリングの必要性を伝える（商品説明）
3　依頼を受ける（受注）
4　カウンセリング実施（納品）

こんな流れで商売をすることになります。

このうち、一番大事なことは、実際に「カウンセリング」を行うことに他なりません。そこでしっかりとしたカウンセリングを行うことで、リピーターになってもらうこと。そこにこそ一番時間を使うべきなのです。

◆営業の時間を減らす戦略がカギ

イラストレーターやデザイナーなどのクリエイターも同じです。自分の手がける作品にこそ、時間も力も使うべきです。

つまり、何を言いたいかというと、「個人事業主は営業に時間をかけてはならない」ということ。もちろん、営業は必要ですが、そこに時間を取られすぎてもいけないのです。

はっきり言いましょう。営業に時間をかけてはいけません。営業している時間というのは、まだ何も生み出していない状態です。

むしろ、「いかに営業しないか」を軸に戦略を練ることが重要なのです。

私が営業をやっていた頃は、いつもそれを考えていました。人が3回訪問しているところを2回に減らせないか。担当者が不在でも情報を伝えるにはどうしたらいいか。

もともと営業すること自体が好きではないし、人と話をするのも得意ではなかったので、効率を上げると言えば聞こえはいいですが、自分が苦手な作業をできるだけ減らしたかったのです。

それは、いまの仕事にも共通しています。

どうしたら営業コンサルティングの依頼が来やすくなるのか？

自ら営業してまわっていたら、コンサルする時間がなくなります。それでは多忙な毎日になってしまいますし、売上も頭打ちになります。そんなあくせくした生活を望んで独立したわけではありません。

営業をステップに分けたときに、どこを短縮すべきかを検討します。

私は本を出すことで、集客の負担を減らそうと考えました。いまではＳＮＳなどを使った広告や集客も行っています。おかげで、新規開拓を直接行うことはなくなりました。その分だけ、コンサルに集中できるようになったのです。

営業の基本を学んだら、今度は「営業しない」方法を模索すること。

とくに独立起業するときには重要な思考です。

最後に

本書を最後まで読んでいただき、ありがとうございました。

もともと静かな人は静かな気持ちで静かに営業することで、最大のパフォーマンスを発揮できます。誰にも負けない成果を出せます。

しかし中には、「本当にこれで売れるの？」「理屈はわかるけど理想論じゃないの？」と疑問を持った方もいるかもしれません。それほど、常識外れだと思われることもたくさん書きました。

でもご安心ください。この本に書いてあることはすべて私やまわりの人たちが実際にやっていることで、リアルに成果を出しているものです。私が空想で書いたものは一つもありません。

その結果、自他ともに営業に向かないと思っていた人でも、ストレスなく売れる営業に変わっています。

もちろんあなたにもできます。私には笑顔でお客さまと話をしているあなたの姿が浮かんでいますよ。


最後に私からプレゼントがあります。

私が密かに書きためていたもので、そのうちに本として出版しようかと思っていたのですが、本書をここまで読んでいただいたお礼に無料で差し上げます。

ぜひ、本書とあわせてご活用ください！

小冊子

『性格に振り回されない生き方』

こちらからダウンロードしてください。

URL：http://pictworks.com/ikikata

装丁：山之口正和（OKIKATA）
編集：吉村健太郎

渡瀬 謙（わたせ・けん）

有限会社ピクトワークス代表取締役。1962年、神奈川県生まれ。小さい頃から極度の人見知りで、小中高校生時代もクラスで一番無口な性格。明治大学卒業後、精密機器メーカーに入社。その後、（株）リクルートに転職。社内でも異色な無口な営業スタイルで入社10カ月目で営業達成率全国トップになる。94年に有限会社ピクトワークスを設立。広告などのクリエイティブ全般に携わる。その後、事業を営業マン教育の分野にシフト。日本生命保険、三菱UFJ銀行、野村證券など各業界のトップ企業での研修、講演を行なうと同時に、内向型の性格で悩む2000人以上を個別トレーニングでムリなく売れる営業に育成している。

著書に『"内向型"のための「営業の教科書」』（大和出版）、『トップセールスが絶対言わない営業の言葉』『トップセールスが絶対やらない営業の行動習慣』（日本実業出版社）、『「しゃべらない営業」の技術』（PHPビジネス新書）など30冊以上。

公式ホームページ　http://www.pictworks.com
公式 YouTube チャンネル　https://www.youtube.com/@silentsales
Instagram　https://www.instagram.com/watase_ken/

静かな営業

「穏やかな人」「控えめな人」こそ選ばれる30の戦略

2023年8月2日　第1版第1刷発行

著　者　渡瀬　謙
発行者　永田貴之
発行所　株式会社PHP研究所
東京本部　〒135-8137　江東区豊洲5-6-52
ビジネス・教養出版部　☎03-3520-9619（編集）
普及部　☎03-3520-9630（販売）
京都本部　〒601-8411　京都市南区西九条北ノ内町11
PHP INTERFACE　https://www.php.co.jp/
組　版　石澤義裕
印刷所　株式会社精興社
製本所　東京美術紙工協業組合

ISBN978-4-569-85513-4